品成

阅读经典 品味成长

たい学
とら哲
愛めの

爱是
勇敢者的
游戏

岸见一郎

著

剑圣喵大师

权力

译

人民邮电出版社

北京

图书在版编目（CIP）数据

爱是勇敢者的游戏 /（日）岸见一郎著；剑圣喵大师，权力译. -- 北京：人民邮电出版社，2025.

ISBN 978-7-115-66383-2

Ⅰ．C913.1-49

中国国家版本馆 CIP 数据核字第 2025DN3536 号

◆ 著　　　　[日] 岸见一郎
　 译　　　　剑圣喵大师　权力
　 责任编辑　马晓娜
　 责任印制　马振武

◆ 人民邮电出版社出版发行　　北京市丰台区成寿寺路 11 号
　 邮编 100164　　电子邮件 315@ptpress.com.cn
　 网址 https://www.ptpress.com.cn
　 涿州市京南印刷厂印刷

◆ 开本：787×1092　1/32
　 印张：7.625　　　　　　　　　 2025 年 4 月第 1 版
　 字数：95 千字　　　　　　　　 2025 年 4 月河北第 1 次印刷

著作权合同登记号　图字：01-2024-3686 号

定价：49.80 元

读者服务热线：（010）81055671　印装质量热线：（010）81055316
反盗版热线：（010）81055315

译者序

日本著名的作家岸见一郎从阿德勒心理学的角度，围绕"恋爱为何常常与痛苦相连"这一核心问题，进行了系统的梳理和分析。

本书认为，恋爱本质上是一种特殊形式的人际关系，而人们往往认为恋爱是一种非常独特的亲密关系，继而对爱情产生了很多不切实际的期待，也导致了焦虑、嫉妒、依赖、冲突甚至分手。书中一再强调：爱是一种能力和技巧，并非纯粹依靠情感冲动就能自然完成；恋爱要建立在平等与尊重的基础上，而非以支配、索取或牺牲为前提；"合作"才是两个人长期幸福的关键，既包括共同面对生活的困难，也包括精神层面的相互支撑。

总而言之，一段好的爱情不是找到了对的人，而是在亲密关系里提高了自己爱的能力。岸见一郎认为，只有明白"爱情也需要学习和经营"这一点，才真正拥有幸福的可能。

作者在论述中不断援引阿德勒、三木清、弗洛伊德、弗洛姆等人的观点，通过大量实例和分析，帮助读者理解：为什么初期的幸福感往往会被随之而来的矛盾、嫉妒、疏远冲淡？在对方的观念或生活风格与自己产生差异时，如何避免用愤怒或哭泣等情绪武器互相伤害？又该如何让关系重新回到互相尊重与共同成长的状态？

如果处理亲密关系的技巧不恰当的话，不管开始多么甜蜜，这段感情最终都会走入互相埋怨。

作者首先打破了传统文学作品中所渲染的爱情幻

觉，采用了"生活风格""自卑情结""合作关系"的理论，同时穿插了三木清对"嫉妒"的剖析、弗洛姆对"爱是能力，而非仅仅是对象选择"的强调等，科学和哲学相互印证，让读者触碰到更宏大的思想脉络。

本书也针对实际的案例给出了具体的应对方法，如"对方没时间陪伴""对伴侣的绝对占有欲或盲目退让""焦虑与恐惧让人不敢开始恋爱"等。即便"爱"是抽象的情感，也可以在生活中通过沟通、信任、尊重和学习爱的技巧一步步改善爱中的问题。爱并非天生，亦非被动发生，而是一种能习得的能力。

在我看来，岸见一郎的论述与我对"爱的艺术"的认识不谋而合。书中反复提到的"摆脱自我中心、放下恐惧与贪婪，主动给予对方支持和理解"，正呼应了"不求回报的爱是对人性的一种淬炼"的理念。不求回报的付出是对人的勇气和智慧的试炼。

我们很多时候无法做到"无条件地爱"，根源是人性中的贪婪、恐惧和软弱。换言之，人们希望对方满足自己的欲望、害怕受伤、因幼稚而逃避亲密关系——这就像岸见一郎在书中提到的："缺乏自信"加上"以自我为中心"会让人不断编造各种理由去回避真挚地付出。

爱意味着点亮对方，也丰富自己。当我们肯花心思去理解对方，而不是只想占有、控制或责备对方，就能在对方有危机时给予真正的支持。对方若也能敞开心扉回应，两个人最终就会达成良好的合作和深层次的共鸣。

摆脱对完美爱情的幻想，勇敢面对现实的难题。我诚挚地将这本书推荐给每一位在爱情之路上希望获得更大启发的人，或深陷困惑与痛苦无法自拔的人。愿每个人都能在关于爱的旅途中，体验到灵魂的拓展与丰盈。

剑圣喵大师

2025 年 2 月 18 日

每个人都关心的爱情话题

　　我在进行心理学和哲学研究的同时，还为一些护理系学生讲授心理学课程。我知道对于这些学生来说，在工作中与患者、同事建立良好的关系是非常重要的，所以在讲课时，我都会着重介绍人际关系的相关知识。

　　这种教学并不是一味的知识输出，而是在了解学生的疑问和需求的基础上进行针对性的解答。所以我在讲台上放了一个罐子，让学生在上课前把问题写在纸条上放进去。每次我都会先回答纸条上的问题，然后再开始讲课。

这些交上来的问题涉及很多方面，比如"我觉得我不适合当护士，该怎么办呢"，或者"在实习中应该注意点什么"等诸如此类关于性格和人际关系的问题。但是从总体比例来看，恋爱方面的问题超过了一半。

恋爱关系也是一种人际关系，所以我希望大家在思考恋爱关系的过程中，也能学习到与患者建立关系的方法。因此对于这些恋爱问题，我会尽可能细致地回答。

在回答这类问题时，我经常想起奥地利的精神科医生，同时也是心理学家的阿尔弗雷德·阿德勒的一段轶事。

阿德勒选择在美国度过自己的晚年。一开始，他几乎没有工作，但是后来一天需要做好几场演讲。阿德勒在演讲中最常被问到的话题就是恋爱关系。他是一个和蔼可亲的老人，和他的照片给人的印象有些不同。我猜想，这应该就是六十多岁的阿德勒在演讲时，还有很多人问他恋爱问题的原因。如果阿德勒看起来又严厉又可怕，应该就没有人问他恋爱问题了。

也许是因为我长得也不严厉吧，有时学生也会向我提出难以回答的问题，比如"怎样才能和现在的男朋友分手"。但是每个问题都是真诚的问题，所以我都会认真回答。

我在做心理咨询时也遇到过不少进行恋爱咨询的来访者。有一天，我和前来咨询的年轻人聊起了恋爱话题。当我们聊到一半时，这个年轻人说："您真是在人生的'修罗场'里摸爬滚打了好多年啊！"我被突如其来的吐槽吓了一跳，没想到我的真实想法让人觉得我有过"修罗场"一样的经历。关于恋爱问题，只是讲讲空话、大道理是不行的，如果不讨论具体的某个事件，就会让人很难理解。在本书中，我会尽可能具体地解答恋爱问题。

没有关于幸福爱情和婚姻的书

当我们在恋爱中受挫时，可能会和身边的亲朋好友倾诉，或者看一些恋爱主题的书、电视剧和电影等，试图从中寻找可以解决问题和缓解痛苦的方法。学生们来向我提问，也是希望我能出谋划策。

面对这种情况，阿德勒是这样说的："在哪里能找到告诉我们该如何对待爱情和婚姻的书呢？事实上，确实有很多有关爱情和婚姻的书，每一本都讲述了爱情故事，但是几乎没有关于幸福爱情和婚姻的书。"

的确，正如阿德勒所指出的那样，我们在看电影、看电视剧或读小说时，看到的都是男主角和女主角经历各种磨难最终走到一起的故事。那么，为什么这样的作品会层出不穷呢？

不幸的爱情故事为何受欢迎

对于这个问题，阿德勒是这样回答的："不幸的爱情故事如此之多，是因为读者有需要，他们想要利用这些故事达到一些目的。"

这句话中的"利用"到底是指什么呢？

比如在这个世界上，有些人会逃避恋爱和结婚。为什么想要逃避呢？如果恋爱是一件很容易的事，那就不会有失恋这种痛苦的经历，更没有理由逃避恋爱和结婚。

相反，如果恋爱是一件极其困难的事，困难到连和对方顺利交流都做不到，那么有人下定决心不谈恋爱也不足为奇。毕竟，只要不表达自己的心情，不去喜欢一个人，就不会遭受失恋的痛苦。

谁都不会毫无理由地逃避恋爱。有的人怀有愤世嫉俗的情绪，认为"爱情什么的也就那样吧"，甚至认为喜欢一个人是一件羞于启齿的事情。

这样的人，可能是因为曾经有过失恋的经历，为了避免下次再遭受同样的痛苦，所以才会远离爱情。他们不想承认恋爱失败是自己的问题，所以才说恋爱本身没有价值。

说这种话的人，就像伊索寓言里的狐狸。饿坏了的狐狸发现了从架子上垂下来的一串葡萄，想把它摘下来。但是葡萄太高了，狐狸够不到，最后无奈离开了，离开的时候嘴里还念叨着："那串葡萄还没熟呢，肯定是酸的。"

他们"利用"不幸的爱情故事，将其作为自己的借口。阿德勒所说的，读者"利用不幸的爱情故事"，其实是为了让自己对爱情和婚姻的消极态度有一个正当理由。

这样的人更喜欢不幸的爱情故事。因为如果你想要逃避恋爱，就必须把恋爱看作是一件很困难的事情。所以，不是因为恋爱本身困难才想要逃避恋爱，而是为了避免恋爱就必须认定恋爱是困难的。只有不幸的爱情故事才能成为逃避的借口，幸福的爱情故事是没用的。

和灰姑娘一样的爱情经历

当然也不乏拥有完美结局的书、电影、电视剧。人们看了这些大团圆的结局之后，可能会突然产生谈恋爱的冲动。但是当你真的遇到了喜欢的人，开始了一段恋情，你们的故事却不一定像书和影视剧中那样顺利。

如果是脱离现实的灰姑娘的故事就另当别论了。也许有人期盼着自己成为"灰姑娘"，这样的故事也和前面提到的不幸的爱情故事一样，因为可以成为借口而受到欢迎。

书中描写的理想的爱情故事与现实中的爱情故事有很大的差距。人们有时会将故事中完美的主人公形象设定为自己的理想型，从而排斥与现实中遇到的人交往或步入婚姻，所以这一类故事也很受欢迎。因此，只要为人们创造出"浪漫的、理想的、无法得到的爱"就可以了。

致正在痛苦地恋爱的你

之前我提到"恋爱关系是人际关系的一种"，但从学生们课前提出的问题来看，很多学生只把恋爱当作"喜欢对方"的感情问题。其实，一个人对另一个人产生了"喜欢"只是恋爱的起点，这一点我在很早的时候就这样说。

有些人明明很喜欢对方，却经常吵架；有些人虽然没有吵架，但也缺乏良好的沟通，不明白对方的想法。如果不能和对方顺利地交流各自的想法，那只能说明两个人之间已经没有爱了。

两个人即使已经开始交往，一旦在观念上产生了分歧，或者其中一方甚至双方都移情别恋，那么最初的热情就会消散，热恋氛围也会迅速冷却下来。刚开始交往时，两个人只要见面待在一起就觉得很开心。随着时间的流逝，两个人的关系里逐渐出现不如意的地方，随之而来的痛苦便多于刚开始热恋的喜悦。

恋爱谈得顺风顺水的人，大概不会来读这本书。自信的人在恋爱中跌倒了一次，也能马上振作起来，收拾好心情投入下一段感情，这样的人也不会读这本书。

因此，我写下这本书，想送给那些在恋爱中感到痛苦和迷茫的人，还有因为害怕受伤而回避恋爱的人。

幸福是在人际关系中获得的

那么，为什么想要逃避恋爱的这种想法是有问题的呢？在恋爱中，很多事情都不会按照自己的想法发展，也会有让人伤心的事情发生。

不只是恋爱关系，任何人际关系都是既麻烦又困难的。因为一旦和他人建立人际关系，就无法避免关系变差的可能性，事实证明无论和谁相处都会产生摩擦。

阿德勒用"人的烦恼都来自人际关系"这句话来表达人际关系的困难。因为人际关系烦恼过的人应该都会同意这个观点。

但是，人只有在人际关系中才能获得生活的乐趣和幸福。有的人在喜欢一个人的过程中吃了很多苦，以为自己不会再喜欢上任何人了，可是转头又投入新的恋情中，因为他们认为只有在恋爱这种人际关系中才能获得幸福。真的觉得恋爱很痛苦的人，是不会再喜欢下一个人的。

也有人认为喜欢一个人与自己的意志无关，明知道会很痛苦，但还是会喜欢上一个人。关于这种想法，我会在后面详细介绍，在这里我想讲的是，明知无法获得幸福却仍然坚持这段感情的情况。

人们之所以想要和交往多年的人结婚，是因为确信和对方在一起一定会幸福。即使在几年后发现当初做了错误的决定，但至少当时是这样认为的。没有人会在明知道不幸福的情况下，还硬要和一个人结婚的。

即使有人在吃了爱情的苦头后，下定决心不再谈恋爱，也不会有人从一开始就毫无理由地封心锁爱。

总的来说，即使最后的结果可能不尽如人意，但是最初你想要和某人结婚时，没有人不希望自己幸福。如果不是这样想的话，这个人的婚姻观念应该是有些问题的。

另外也有人认为关系不顺利不是恋爱本身的问题，而是对方或者自己的问题。这句话算是说对了一半。因为问题不在于爱谁，而在于如何去爱一个人。有人认为只要找到合适的人，恋爱就能顺利进行，但是当你谈过几次恋爱后，就会发现事情并不是那么简单。

幸福的爱情故事

按照阿德勒的说法，那么本书就是"幸福的爱情故事"，但我们还是需要弄清上述问题的症结所在。如果不明白如何去爱一个人，即使你不停地更换伴侣，也免不了重复失败的结局。

但也不是把这些问题排除掉就万事大吉了。如果你不知道什么是理想的恋爱模式，即使解决了已有问题，还是会源源不断地产生其他新问题，仍然无法建立良好的关系。

什么样的恋爱关系才能称为良好的关系呢？即使现在的关系中有这样那样的问题，两个人也可以一起努力改善，这就证明这是一段良好的关系。

本书首先要探讨的是，为什么你的恋爱没有带来幸福，问题出在哪里；其次是关于结婚生子后可能面临的困难；在想明白爱是什么之后，最后再思考爱一个人的时候具体应该如何去做。

总的来说，我认为这是一个爱的能力的问题，因为我们必须考虑如何去爱，而不是遇到谁和爱上谁。因此，我不打算只从异性恋爱关系的角度来讨论这个问题。

　　恋爱并不只是随便找个人在一起就行，否则即使遇到了对的人也会不顺利，甚至会分手。维系感情需要双方的共同努力，这种努力是为了改善两个人的关系，是为了共同的幸福。

　　当然，恋爱并不只是年轻人的特权，就算老夫老妻也不能把恋爱当作无关紧要的插曲。无论什么年纪，如果能找到一些让两个人的关系变得更好的窍门，都是一件值得高兴的事情。

目录

第一章 为什么你的恋爱无法带来幸福

第二章
关于结婚和育儿中的困难

第三章
爱一个人的本质是什么

第四章

掌握爱的技巧让你获得幸福

第一章

为什么你的恋爱
无法带来幸福

为什么总是重蹈覆辙

爱情总会给人带来许多痛苦。比如有了喜欢的人却不能表达爱意、鼓起勇气表白却被对方拒绝、两个人的感情越来越淡、过多负面情绪的堆积导致了分手。这些不愉快的经历让人们开始犹豫不决，是否应该开始一段恋爱？是否要爱上下一个人？

有的人会把自己在恋爱中经历过的痛苦告诉朋友，对方的回答可能是"没办法啊，爱情就是这样的。"

有的人经历过痛苦后下定决心不再谈恋爱了，结果过段时间又遇到了喜欢的人，在一起后因为各种原因还是分手了，如此反复多次。

在本章中，我们来一起探讨感情反复失败的原因。和喜欢的人在一起原本是件幸福的事，但是为什么没有得到幸福呢？这其中存在什么问题呢？

不是只有恋爱是特别的

当你遇到了自己喜欢的人，这种快乐又兴奋的情绪让你感觉整个世界都变得不一样了。和喜欢的人正式交往的那一天是最快乐的，就算是刚刚经历失恋的人也能开心起来。

沉浸在热恋的甜蜜氛围里的人，一心想着自己喜欢的人，完全无暇顾及工作和学习。和朋友们也不像以前那么密切地联系。从前和朋友一起度过的假期，如今都用来安排和喜欢的人约会。

抛开亲密程度不谈，恋爱关系与其他人际关系相比有很多相似之处，和同事关系、朋友关系差不多。

因此在恋爱关系中遇到的困难和在其他人际关系中遇到的困难基本上是一样的。有恋爱对象，但是没有朋友（我并不是说没有朋友就一定不行），或者说只想着喜欢的人而不再专注于自己的工作和学习，这种情况是不应该的。

所有的人际关系并非都完全一样，比如恋爱关系在距离和持续性这两点上与其他人际关系就不同。在思考恋爱关系之前，我们需要先了解同事关系和朋友关系。

同事关系

任何工作都不可能完全避免社交。在那些不出门的日子里，我就在家里写书或者给杂志写稿，几乎不和任何人说话，一整天都对着电脑。即便如此，我为了出书还是必须与出版社的人见面。所以，并没有只靠一个人就能完成的工作。

像这样无法避免的工作社交有时的确让人觉得麻烦。如果一个人从事的是销售行业的工作，人际关系基本就是工作的全部。

理论上来说，我们下班后就可以暂时结束那些工作中的人际关系，但是实际上却不行。上班时间和同事一起经历的各种各样的烦心事在下班后仍然影响着我们的心情，这种负面情绪自然而然地就被带到私人时间里来了。所以，人们无论是上班还是下班，都不可能完全脱离职场上的人际关系。如果你想要获得真正的私人时间，就必须彻底切断那些人际关系。private（私人的）这个英语单词源自拉丁语的 privare（夺取）。所以我认为，如果你不去夺取，你就无法确保自己的私人时间。

对学生来说，学习就是"工作"。理论上来说，学生是为了学习才去学校的，所以在学校不和任何人来往也没有关系，就像没有人会特意去辅导班这种为了提高成绩而聚集的场所寻找朋友一样。

但是事实上，学生之间的关系还是比较密切的，他们会在各种活动中建立人际关系。同学关系和同事关系一样，理论上都是回到家后就可以暂时切断的关系。

朋友关系

当你在单位或学校里结识了一个新伙伴，你们之间相处得很好，这段同事／同学关系在职场／学校外仍然继续着。两个人的话题也不再局限于工作或学习，而是更多地讨论个人的生活与爱好，那么这种关系就不是浅层的同事或同学关系了，而是朋友关系。

有时很难严格区分同事关系和朋友关系。理论上来说，职场中建立人际关系就只是为了工作，所以没必要和工作伙伴关系亲密，但事实上也无法完全划清界限。

如果比起工作成果，职场更重视办公室氛围的话，人际关系处理不好可能就会成为问题。也有人反对将工作和人际关系联系在一起，在我看来，这种反对基本上是正确的。

同事关系有时也无法与朋友关系区分开来。如果有人主动愿意与你合作，那么你和他的关系就接近朋友关系了。从同事变成朋友的两个人有了共同的目标。

然而共同的目标并不适用于所有的朋友关系，但可以作为人际关系的一种形式。也有人认为在恋爱关系中，两个人不需要共同的目标，只要两个人名义上在一起就可以了。但是这样的话，当对前途感到迷茫的时候，两个人可能就会因为目标不一致而使关系陷入危机。关于这个话题，我们在后面详细展开。

恋爱中的人际关系

本书的主题——恋爱和婚姻中的人际关系，基本上都是建立在朋友关系的基础上。恋爱和婚姻中出现的问题，与其他人际关系中出现的问题也有很多相同之处。因此对于无法建立朋友关系的人来说，建立和维持恋爱和婚姻中的人际关系也很困难。

但是，恋爱和婚姻中的人际关系比同事关系和朋友关系更亲密，持续的时间也更长，所以难度也更大。

如果是同事的话，离开职场就能暂时断开联系；如果是朋友的话，不管关系多么亲密，也不至于时时刻刻都在一起。

有些人认为恋爱关系与其他人际关系不同，必须一直待在一起；也有些人认为，可以是异地恋，但也必须保持紧密联系；还有些人认为，就算是伴侣，也并不一定要时时刻刻待在对方身边，恋爱关系不是一时的，而是持续的、深刻的。也正因如此，无论是最初建立恋爱关系还是在恋爱关系破裂后修复，都很困难。

也有些人害怕发生矛盾，即使在恋爱中也不愿意过分加深这段关系。也有人是为了随时都能分手，用玩玩而已的态度对待自己的爱情。

恋爱是两个人的共同课题

阿德勒认为，恋爱关系之所以比其他关系更难建立和维持，是因为这是两个人的共同课题。

我们所接受的教育都是关于一个人就能完成的课题，或者是许多人共同完成的课题，但是从来没有教过我们两个人一起完成的课题。

在家里应该如何做是由家长来教，在学校里应该如何做是由老师来教，但是很多人认为恋爱没有必要特意去教和学习。也有人认为恋爱是私人的事情，所以在学校是学不到的。

这些人认为恋爱是无师自通的。他们认为，恋爱就像放在坡道上的石头会自然滚落那样，无需外力干涉就会自然发展下去，没有必要向他人学习恋爱的知识。

但是事实是什么呢？如果恋爱是像石头顺着坡道滚落一样自然的事情，那只要把恋爱交给直觉来决定就可以顺利进行，也就不存在烦恼和痛苦了。

恋爱不可能像想象中那样顺利。很多人因为自己的想法不被接受，交往后无法维持良好的关系而烦恼着。

所以两个人坠入爱河后，要想维持关系，只靠感情是不够的，或者说恋爱本来就不是一件不花心思经营就能一帆风顺的事情。

不要拿恋爱当作借口

恋爱关系其实并不比人生中的其他人际关系更重要。如果你认为恋爱是人生的全部，那就像"工作狂"只会把热情投入工作而不顾家庭一样。

"工作狂"会把工作放在第一位，将工作忙当作无法处理其他人生课题的理由。他们把家庭的不和谐归咎于工作太忙。但是事实上也有很多夫妻虽然工作忙，住得也很远，但家庭依然幸福。

日本哲学家和辻哲郎在留学期间与妻子一直保持着书信往来。当时的信件都是用船运来的，所以和辻哲郎寄出的信件要经历一个多月才能送到妻子手中。在邮件可以瞬间送达的今天，这或许是难以想象的事情。尽管如此，和辻还是坚持每天给妻子写信，妻子每天收到的信都是过去一个月的来信。夫妻二人虽然离得很远，但他们的信件却一直洋溢着像是当面交谈一样的喜悦。

也许有人会担心伴侣长时间分居两地会导致联络逐渐减少，久而久之关系也会朝着不好的方向发展，但从和辻的这个故事可以看出，两人之间的物理距离并不一定会成为关系的障碍。

所以，前面说的因为工作太忙不能好好地照顾家，这只是两个人关系不和谐时找到的借口而已。

当然，恋爱也是同理。如果把恋爱放在比其他人生课题更优先的位置，而忽视了对其他课题的处理，那就只是把恋爱当作忽视其他课题的借口而已。有人认为不管睡觉还是醒来都想着喜欢的人，沉浸在热恋里废寝忘食才是真正的爱。但即使是这段爱情真的令人沉醉，也应该把生活正常地继续下去，工作也要有条不紊地进行下去。

阿里斯托芬认为就像柏拉图在《会饮篇》中写到的那样，人们会本能地去寻找被宙斯分开的另一半，并试图恢复一体性，这才是爱。

但是当分离的两个人恢复成背靠背的一体后，

他们因不愿意分开，结果废寝忘食，最后就这样死去了。

如果人们仍然像神话故事中描述的一样一直连接在一起，只把精力放在恋爱关系上，无视和朋友的关系，等回过神来就会发现周围除了伴侣空无一人。

反正也得不到爱

许多从没谈过恋爱的学生会问我："怎样才能遇到优秀的人？""怎样向喜欢的人告白才能成功？"

他们也许面上看起来是在羡慕有交往对象的朋友，心里可能还是对喜欢谁、和谁交往这些事感到犹豫和害怕。

我的学生们大多都十八岁左右，基本都很缺乏恋爱经历。如果让他们想象一下未来的生活，他们可能会感到不安和恐惧。

也正是因为这些恐惧和不安让他们对恋爱感到犹

豫。当你意识到自己总是在意着某个人，即使刻意地想要忘记，也没办法把那个人从脑子里赶出去，这就说明你已经"坠入爱河"了。

"如果向喜欢的人表白，就能和他在一起，该多幸福呀！"每个人都会这样期盼着，但是不一定会进行得那么顺利。

如果有足够的勇气直接告白，那就不会因为纠结而痛苦了。但是大多数人会害怕自己的爱意不被对方接受，从而害怕向对方表白。甚至更坏的情况是，已经确定了对方不喜欢自己，所以直接放弃行动。

害怕表白的人实际上是害怕自己受伤。阿德勒说，"只有在觉得自己有价值的时候才会有勇气。"这种勇气指的是进入人际关系的勇气。为什么建立人际关系还需要勇气呢？就像前文提到的，因为害怕自己被别人拒绝时受到伤害。会不会受伤还不清楚，但现在我遵从一般的说法。

害怕在人际关系中受伤的人是不会主动进入人际

关系的。就恋爱而言，向喜欢的人传达自己的爱意却不被接受，是很遗憾的。

有些人会先给自己一个很差的自我评价，以此来阻止自己向喜欢的人表白。他们会想，就连我自己都不喜欢自己，别人又怎么会喜欢我呢？用前面提到的阿德勒的话来说，不是因为觉得自己没有价值才不愿意进入人际关系，而是因为不想进入人际关系才假装自己没有价值。

但是正如我在前文提到的，我们只有在人际关系中才能感受到生活的喜悦和幸福，所以我们需要有勇气走进人际关系。

事情也许没有我们想象中那么糟糕，表达自己的感情不一定会被拒绝，但如果因为害怕受伤而保持沉默，就什么进展都不会有了。

到这里我们就能明白，在感情中犹豫的人要想有勇气，就必须认可自己的价值。为了做到这一点，我们应该怎么办呢？

有的人不谈没有胜算的恋爱

从一开始就预料到表白会被拒绝的人或者在爱情中受过伤害的人，他们只想谈有把握的恋爱。这样的人在恋爱中纠结的点和前面说的情况有所不同。

有的人在幼儿时期就形成了"在生存中需要竞争"的观念，特别是非独生子女，会与其他兄弟姐妹竞争并且想要获得胜利。这样的孩子并不会被父母批评，因此会努力地表现自己，长大后在学校甚至成年后进入社会也会继续和别人竞争。在这样的环境中成长起来的人害怕在竞争中处于下风，同时也会将这样的观念带进恋爱和婚姻中。

所有的竞争都无法保证总是胜利。恋爱了也可能会分手，结婚了也可能过得不幸福。如果把恋爱和婚姻看成竞争，那么向喜欢的人表白被拒绝或者和伴侣过得不幸福，就相当于自己败给了拥有幸福的人。

兄弟姐妹的幸福婚姻也会让他们对恋爱和结婚犹

豫不决。因为在他们眼里，如果自己不能像兄弟姐妹们一样拥有幸福的婚姻就代表自己输了。

恋爱和婚姻本身与竞争无关，但是经常和别人竞争的人在爱情和婚姻中也必须要胜出。如果没有胜算，他们就不会尝试进入一段恋爱的关系。

不可能从一开始就百分之百完美

有人认为只要不怕输就好。

曾经有个年轻的朋友打电话给我说："我去问占卜师，我能不能和现在的男朋友走到结婚这一步，结果占卜师说不行。我觉得好难过，连饭都吃不下去了。"其实，她一直认为只有百分之百了解彼此的想法，才能开始恋爱。但我告诉她，不了解对方的想法正是恋爱的乐趣所在，可是仍然无济于事。

怎样才算是真正喜欢一个人、爱一个人呢？对方想从你身上得到什么呢？你又想向对方索求什么呢？

我不想考虑这些问题。

我认为感情不是一成不变的，而是忽近忽远、不断变化的。但是她会因为这些变化而感到不安，她害怕两个人的关系会随着自己想法的改变而发生变化。

我十分好奇，为什么她想知道两个人最终能不能结婚呢？所以我就去问她，"你和他的关系不好吗？"

"不是的，我们现在关系很好。"

"那就没必要去占卜了吧？"

"因为我想和他结婚……"

"所以，你就去占卜，但是却被告知无法结婚。"

"是的。"

如果以上对话不是我在和朋友聊天，而是我在与来访者做心理咨询，我很想问她一句："那接下来你想怎么做呢？"如果我这样问了，一定会得到"想结婚"的回答。她说与对方的关系是"良好的关系"，但如果真的像她所说的百分之百能够维持下去，她就不会担心能否结婚，更不会特意去占卜。

可事实上她真的去占卜了。虽然她说着两个人关系很好，但是实际上自己或者是对方甚至是两个人都已经产生了动摇。去占卜也许是想要抢先一步知道两个人的结局，就像读长篇小说时直接翻到最后一页先看结局一样。有的人只有知道了小说的结局如自己所愿才能安心阅读，带入到生活中来说就是，如果最后不能结婚，现在维持关系也没有意义。可是我认为如果提前看到了悬疑小说的结局并且知道凶手是谁的话，阅读的乐趣就会被剥夺。人生正是因为未知才有趣，关于这一点我会在后面进行论述。

所以，对于朋友的经历我想说，占卜师说不能结婚真是太好了。当然会有人反驳说这样的结果不太好，但我对朋友说，"如果占卜师说你能顺利和他结婚，你就不会努力改善和他的关系了。相反，如果占卜师说你无法和他结婚，但你内心还是想和他结婚的话，你就会努力改善关系了。"

可以找到很多犹豫的理由

很多人都会纠结到底要不要进入一段恋爱或者婚姻，纠结的原因也是五花八门。

有人把父母不幸的婚姻作为逃避的理由。但是，他们的真实想法和我前面说过的一样，只是把父母不幸的婚姻作为逃避的理由，并不是真的因为父母不幸的婚姻给自己带来了多大的影响。

除了父母不幸的婚姻，还有很多理由，比如疾病、心理障碍、过去经历过的重大灾难或事故、小时候受到父母虐待等，这些都可能成为逃避爱情和婚姻生活的理由。

当然，以上列举的这些因素也不是完全没有影响，但不是所有经历同样事情的人都会度过同样的人生，或在人际关系上遭遇同样的挫折。恋爱和婚姻不顺利是因为没有处理好当前的人际关系，过去的痛苦经历带来的影响并不能作为全部原因。

假设现在的关系不顺利全都是因为过去不好的经历，那么从逻辑上来讲为了改善关系就必须回到过去，让这些事情不再发生。但是世界上没有时间机器，因此现在关系不顺利的问题就永远无法解决。

总是把过去的种种悲惨经历挂在嘴边是为了在恋爱或婚姻不顺利的时候主张责任不在自己。如果自认为没有责任的话，即使恋爱和结婚不如意也不会认为自己输给了别人。

如果你真的想要改善关系，就必须摆脱从过去寻找问题原因的想法。

"没有遇到对的人"是真的吗

也有人专注于眼前的生活，并不拘泥于过去。这些人在恋爱和结婚中犹豫的点可能在于"没有遇到对的人"。

他们认为在自己身处的职场中完全没办法找到那

个命中注定的人，并认为这就是自己恋爱不顺利的原因。这种想法其实也很合理，在职场可能确实遇不到想要恋爱或结婚的对象。如果是喜欢旅行的人，在旅途中应该有机会遇到。

在科技发达的今天，通过电话和短信可以很轻松地联系到远在他乡的人。先不说这种方式是否有利于培养感情，在这样的条件下，如果你说完全没有机会遇到一个喜欢的人，我也不太相信。

可能你已经遇到过那个命中注定的人了，但是没有意识到，又或者刻意地忽视了这段邂逅。想结婚的人总说自己还没遇到对的人，之所以这么想是因为对现在认识的人不太满意，于是就把他们排除在恋爱和结婚的对象之外。

他们为什么会坚定地认为自己还没遇到对的人呢？其中一个原因是不想因为恋爱的不顺利而受伤，另一个原因是为了不输给已经获得幸福的朋友，就把现实中遇到过的人排除在了结婚候选人之外。

我教过的学生比较多，就护士专业的学生而言，本来是女性比较多，后来有越来越多的男性也想做护士，所以男学生的数量也多了起来。当被女学生们问到"如果没能遇到那个命中注定的人该怎么办"时，我回答说："这个教室里不是还有男生吗？"结果遭到了女学生们的一片倒喝彩。

　　就像一开始在前言中说的那样，憧憬灰姑娘这类故事的人会把在现实生活中遇到的人排除在恋爱和结婚的候选人之外。他们在向对方提出"年收入一千万日元以上"的这种条件时，并不是真的把年收入一千万日元当作结婚的条件，只是想让那些纠缠自己的人主动放弃而已。

　　他们坚持认为自己还没遇到对的人，同时也隐晦地表达了自己就算比朋友结婚晚也没关系的观点。与其真实地面对糟糕的关系，还不如活在"会遇到合适的人"的可能性中。

　　也有人认为恋爱是自然发生的事，但自己却迟迟没有邂逅一个对的人。实际上，当他们知道只有邂逅是不行的之后，就又会开始寻找"没有遇到对的人"之外的不进入恋爱关系的理由。

不管是沉溺于过去的悲伤经历，还是认为没有遇到对的人，他们都不希望把问题归咎于自己。"如果我能遇到命中注定的那个他""如果他没有恋爱对象"……他们就这样一直生活在假设的世界里。

爱是一种能力

只要遇到了对的人，恋爱就能顺利进行吗？有些人认为应该如此，但是当他们在现实中和某人交往后马上就会意识到，邂逅一个对的人只不过是恋爱的起点而已。

艾里希·弗洛姆曾说过，"爱的问题是能力问题，而不是爱的对象存在问题。……爱是容易的，但找到值得去爱的对象却是困难的——人们都是这样想的。"

很多人认为爱很简单，但找到适合爱的对象很难。但是弗洛姆认为并非如此。弗洛姆认为，重要的不是找到对方，而是"爱对方的能力"。

有些人不管谈多少次恋爱都不顺利，也有人在反复地结婚和离婚。这样的人当然不是没有爱的人，但即使如此还是在恋爱和结婚上受挫，那就说明这个人爱的方式和爱的能力还有改善的余地。

有的人认为爱是像万有引力一样自然的事，但是自己心里却没有一个钟爱的人。对持有这些想法的人来说，弗洛姆的想法一定让他们大吃一惊。

爱是一种技能

弗洛姆是这样说的，"爱是一种技能吗？如果是一种技能，那就需要学习和付出努力。还是说，爱是一种快感，能否体验到是运气的问题，运气好的话爱情就会降临在你头上。"

即使相遇后开始交往甚至走到结婚，任何一个阶段不努力经营关系都是不行的。

弗洛姆认为爱是一种能力，更是一种技能。正因为是技能，所以学习和努力是必要的。从这个意义上说，爱不是自然发生的，而是努力创造出来的。

一方面，即使你正在爱着一个人，如果没有爱的能力，那这段爱情也是充满无力感的。另一方面，如果一个人没有爱的能力，那更是危险的。

我们在后文会讲到嫉妒，心中充满嫉妒的人已经没有爱的能力了。哲学家三木清曾提出，称作"策略性"的技术对于经营爱情没有任何帮助。为了让对方的注意力只集中在自己身上而绞尽脑汁的人，一旦对方的注意力转移到自己以外的地方，就会开始嫉妒、愤怒、憎恨。但是这样带有"策略"的爱意只会与爱本身相背离。

即使你深深地爱着对方，但如果不懂得正确爱人的方法，可能也会导致你们隔三岔五地吵架甚至彼此憎恨。这种情况下，恋爱只会变成痛苦的事情，人也不可能感到幸福。

阿德勒也说："爱并不像一些心理学家认为的那样是纯粹自然的能力。"爱不是一种只为了满足原始欲望的东西。阿德勒将这种原始欲望称为"性冲动"。

如果只是满足欲望的话，爱就是很简单的事情，但是随着社会的发展，人类逐渐压抑了这些欲望。虽然我们常说要抑制自己的欲望，但真的应该如此吗？这一点我们必须仔细思考一下，我也将在后面进行讨论。但我希望大家知道，爱是一种技能。虽然这是一种可能无法立刻被大众理解的观点，但如果你真的恋爱不顺利的话，可能就是因为没有掌握爱的技能。

这种爱的技能绝不是指耍小聪明的技巧。我听说有的年轻人如果没有一本恋爱指南就无法恋爱，但爱并不是指南上能写清楚的技术。即使你按照手册上的内容去做，可能也无法顺利进行。因为感情不是像教条一样一板一眼的东西，就算你读了介绍恋爱技巧的书，或者像是为了记住答案一样而阅读恋爱的各种事例也不见得有用。因为你喜欢的是一个鲜活的人，他不会像教科书上的例题一样和你交往。

虽然有必要认真地去学习爱的技能，但如果不理解这样做的原因，一旦发生了指南上没有写到的事情，还是有人会立刻陷入慌乱中。

拥有改变生活风格的勇气

弗洛姆认为爱不是自然生长的，而是一种技能。而阿德勒则更倾向于从"生活风格"的角度来看爱。

一个人如果谈了很多段恋爱，但是失败的理由都一样，那就不是恋爱对象的问题，而是他自己的生活风格有问题。

所谓"生活风格"，就是有关自己、他人、世界的理念体系。比如，当出现问题时，是认为"自己有能力，所以可以解决"，还是认为"自己没有能力，所以解决不了";在生活中会习惯性地把他人看作"只要有机会就会陷害自己的人",还是"只要有需要就会帮助自己的人"。阿德勒把这种思考习惯、看待世界的方式称为"生活风格"。

这和通常所说的性格几乎是同义的,但如果使用"性格"这个词,就感觉像是与生俱来的,很难改变的东西。所以,为了区别于性格,阿德勒就直接使用了"生活风格"这个词。

生活风格不是天生的,而是后天形成的。为什么会这样说呢?比如有一对双胞胎,他们有相同的父母,还在几乎相同的环境中长大,但是他们的性格并不是完全一样的。这就说明是孩子自己选择了不同的生活风格。

改变生活风格并不是一件难事。有的人不愿意改变,是因为一旦选择了新的生活风格,就无法预料下一瞬间会发生什么,产生了一种对未知的恐惧。

想象这样一个场景,一个熟悉的人正从对面向你走过来，你对那个人很早就有好感，甚至设想过当两个人独处的时候就向他表白。如果你现在不叫住他的话，可能再也没有这样的机会了。你的内心正在挣扎着，那个人越走越近，你也越来越紧张。

终于，对方在和你擦肩而过的时候移开了视线。如果是缺乏自信的人，看到对方移开视线可能就会认为对方是在躲避自己或是讨厌自己。

这样想也情有可原。当你不清楚对方想法的时候，你就会害怕和他表白，担心万一表白被拒绝了怎么办？在一起后由于各种原因最后分手了怎么办？可是如果你前怕狼后怕虎，和对方的关系就不会有进一步的发展了。这样回避一段关系虽然很痛苦，但总比因恋爱不顺利而受伤要好得多。

在刚刚的情景下，对方移开眼神，选择擦肩而过的原因，除了"不喜欢我"的可能，也可能是"对方也对我有好感，所以不好意思和我对视"。

当你有了这样的想法，接下来就会考虑如何接近对方并且验证自己的猜测。但是具体该如何做呢？如果你是认为"对方不喜欢自己"的人，可能一开始就因为不知道该如何做而放弃了。每个人的生活风格不同，想法就不同，做出的行动也会不同。你无法准确预判和你生活风格不同的人会做出什么样的行动。

如果现在的生活风格让你的恋爱进行得不顺利，那就必须改变生活风格。

很多人明白这一点，但是仍然不愿意改变，他们往往是因为害怕。改变自己的生活风格并用与以往不同的角度看待已经发生的事情，就是迈出与以往不同的第一步，也意味着你向未知的世界迈出第一步。很多人就是因为对未知的恐惧，所以不想改变生活风格，导致恋情仍然处在僵局中。

要想成功地改变生活风格，首先不能那么固执地坚守自己原来的生活风格。只是这样还不够，还要明确自己的生活风格想要向着哪个方向改变。这些我们将在接下来的章节中逐一介绍，这里我们先来了解一下生活风格会给恋爱带来什么影响。

通过早期记忆描绘生活形态

过去发生的事确实会影响我们现在的生活风格，但是这种因素并不是影响生活风格的主要原因。

因此在心理咨询中，咨询师为了了解咨询者现在的生活风格，还是会去询问他的早期记忆。

"早期记忆"是指从出生到现在的最初记忆。严格来说，没有必要是最初的记忆，因为我们并不知道从哪一刻开始才算最初的记忆。任何你突然想到的事情都可以，但不是关于经常做的事情的记忆，而是某一天在某个地方发生的一件小事。

阿德勒曾提到过一位三十岁男性的例子，"他直到最后的最后，依然在逃避人生课题"。所谓"人生课题"，就是前面提到的工作、交友、恋爱等在人际关系中的问题。

这个男人很想要恋爱结婚，但是因为强烈的自卑感，他和异性说话时总是容易脸红紧张，所以一直无法下定决心接近异性。如果他能克服这种心理，就能够和异性正常交往了。由于他总是展现出这种紧张的样子，无法给对方留下好印象，所以变得越来越讨厌说话，进而讨厌外出。即使外出了，也只是在人群聚集的地方一言不发地待着，并且总是感到很紧张。

看到这里的你可能会认为，的确是这种自卑感让他找不到恋爱对象，事实却不是这样，他只是以有强烈的自卑感为理由逃避恋爱课题。很多人把自己内向、容易紧张和脸红作为恋爱不顺利的理由，但其实这些都不重要。初次见面时，如果表现得完全不紧张并且有逻辑地说出自己的想法，这样的人反而会让对方敬而远之。与之相反，容易紧张、脸红、不善言辞的表现可能会收获更多好感。

内向、紧张、脸红导致恋爱不顺利的理由就这样被打破了，也就证明说这种话的人只是以这些借口来逃避恋爱。

这也进一步证实了恋爱不顺利的原因只是生活风格的问题。如果生活风格不改变的话，即使通过训练，解决了内向、脸红的问题，恋爱仍然会不顺利。

阿德勒询问那个男人的早期记忆，他就讲起了自己和母亲还有弟弟一起去买东西的事。

"有一天，母亲带我和弟弟去市场。"

仅凭这一句，就能预测接下来会是怎样的谈话内容。如果早期记忆中出现了父母，就可以判断他是在父母的爱中长大的。

因为弟弟也出现在回忆中，所以从他想起母亲和弟弟这一点来看，可以推测存在他和弟弟争夺母爱的情况，而且还能推测出这种争斗一直存在着。

他继续说，"那天突然下雨了。"

人的一生中总是会发生一些事情，而且很多事情总是"突然"发生。

"母亲一开始是抱着我的……但是又看到弟弟，

就把我放下来，把弟弟抱起来。"

这对于当时还是个孩子的他来说，是一场悲剧。"你是哥哥，你得让着弟弟"，他平时经常会听到这种话。

阿德勒用了"悲剧"一词来形容这个男人在形成生活风格的过程中的遭遇。母亲放下自己抱起弟弟，这在当时对他来说确实是个悲剧。

阿德勒认为正是这个悲剧，让这个男人失去了关心他人的能力，"我知道人生有很多的困难，与其让我总是面对困难，还不如什么都不做。"

关于"关心他人"到底指什么，我们会在后面慢慢介绍，但是请记住，这是剖析在恋爱和婚姻中出现重复的失败的关键。

像这样的悲剧并不少见，很多人都会有这样的经历，但并不是每个经历过的人都会变成和这个男人一样的性格。

话题回到这名男性的早期记忆上，阿德勒说：

"从这个回忆中，可以了解到他的生活风格。"他担心别人获得的爱比自己多，害怕再次发生类似妈妈放下自己抱起弟弟的"悲剧"。

有些人即使正在被爱着，也会害怕有一天不再被爱，他们总是担心对方会不再关心自己转而去关心别人。他们不会忽略任何能够证明这一点的"证据"，更糟糕的是，他们很快就能找到"证据"。

多疑的人会远离所有人，他们把自己完全孤立起来，对其他人不感兴趣，也不想与他人建立任何关系。就算真的这么想，也是做不到的，因为任何人都无法完全一个人生活，即使不希望与他人进行社交，也不可能拒绝其他所有人的帮助活下去。

为什么这个男人首先想起的是下雨天的事呢？因为他现在仍然保持着多疑的性格，曾经的他害怕自己的母亲不在意自己，现在的他害怕喜欢的人离开自己。就算有人向他表达了好感，他也会一直猜忌对方会不会在某一天离开自己。不是因为小时候的经历让他变得多疑，而是因为现在的他疑神疑鬼，才会想起过去的这些经历。

如果这个人可以改变自己多疑的性格，那么这段早期记忆就会被忘记。

陷入艰难恋爱的人

有些人会常常喜欢上一些没有结果的人，比如喜欢上已经结婚的人，或者喜欢与自己年龄相差很大的人。对于这些情况，阿德勒说，无论是和谁、谈什么样的恋爱，都不该被评头论足。

阿德勒解释道，"针对喜欢上已婚人士的行为，不一定要武断地指责。因为谁也无法确定这样的爱是否会有好的结果。"

就算喜欢上一个已婚人士，这段感情也未必会带来不幸，但有些人会刻意选择这种"难以交往的对象"。这样的人有必要停下来重新思考一下，为什么会选择这样的交往对象呢？

因为他们知道和已婚人士交往的话，如果关系不顺利，就可以把责任推给对方。

阿德勒曾提到过一位女性的事例：她以竞争为性格特征，以拥有优越感为目标。

这个女人的姐姐结了婚，但是她自己还没有结婚，姐姐的幸福让她感觉受到了威胁，所以她也想结婚。但是，仅仅凭借结婚并不代表着赢了姐姐，还必须比姐姐更幸福。如果恋爱不顺利、婚姻不幸福，也会让自己输给姐姐。于是，这个女人选择和一个已婚男士谈恋爱，她认为如果在和已婚男士的恋爱关系中出现问题，就可以把责任推卸到对方身上，这样就不算输给姐姐。

也有人同时和很多人谈恋爱，脚踏两只船，甚至好几只船。对于这样的人，阿德勒说："同时爱两个人，其实是不爱任何一方。"这种人其实就是想把"同时喜欢两个人"作为自己无法拥有真正爱情的理由。

他们还会为选择两个人中的哪一个而烦恼。这样的烦恼也是有目的的，持续的纠结是为了拖延做决定的时间，这样一直拖下去就不必做选择了。

这就是他们继续拖延的必要理由。

无论哪一种情况，都是为了逃避对恋爱失败负责。

与自己合不来的人

就像刚刚提到的，我们有时会把恋爱失败的责任推给对方。但对方是独立于我们的个体，即使没有那些困难的条件，也未必会按照我们的意愿进行。

当你向自己喜欢的人告白时，自然是希望对方接受的，但谁也不能保证对方会像自己喜欢他那样喜欢自己。

即使两个人开始交往，也不能强制对方按照自己的想法行事，但在思想上，我们会试着猜测对方的想法——"我觉得他可能是这样想的"。但随着交往的深入，就会发现对方的想法和你的想法完全不同。能意识到这一点的人还有机会改善关系，但有些人完全意识不到这一点。

就算是生活在一起多年的夫妻也可能会出现这种情况。如果知道彼此的想法和感受不同，那就还有改善关系的余地，但如果意识不到双方的差异，那么努力获得对方的理解也是徒劳，甚至两个人的隔阂也会越来越深。

你无法控制对方，也无法完全了解对方。如果一个人意识到这一点，就会想要避开那些与自己不合的人，这也就不足为奇了。

想要控制对方的人

不可否认，仍然有人不遗余力地想让对方按照自己的想法行事。

刚开始交往的时候，人们总会向对方展现出自己最好的一面。这是因为彼此都有顾虑，怕被对方讨厌，所以即使对对方有不满，也不会直接说出来。但是，在一起久了之后，这种顾虑就会消失。

当你对对方的言行感到不满时，与其选择沉默，不如把不满的情绪表达出来。但是要注意用词，不应该像下面提到的例子这样情绪失控。

如果对方不按照自己的想法行事，有的人就会试图用愤怒的情绪强迫对方听自己的话。阿德勒说："愤怒是一种让人与人之间感情疏离的情绪。"因为愤怒，两个人开始变得生疏，而关系越远，对方就越不愿意接受自己的想法。虽然你以为对方听了你的话，但其实对方并不是打心底里想要那样做。

哭泣和愤怒有着同样的目的。阿德勒说："使用哭泣这一武器能成功地毁灭其他人，这就是'水之力'！"

"水之力"也可以说是"眼泪的力量"。不过也有例外，比如有的人会因为在关键时刻控制不住流泪而感到困扰。

擅长使用眼泪的人从小就知道，只要自己哭了，事情就能朝着自己想要的方向发展。积累了这些经验的人在长大后也会做同样的事情。阿德勒还指出："爱哭的孩子长大成人后有可能会成为抑郁症患者。"这句话或许有些夸张，但事实就是"眼泪和抱怨是破坏合作和征服他人极其有效的武器"。

日本有句谚语说得好，"你无法战胜一个哭泣的孩子，就像你敌不过地头蛇。"总有人想用愤怒和眼泪来控制周围的人。哭是另一种方式的责备，指责对方让自己如此悲伤，或者是向对方表达自己已经如此悲伤，不应该被继续指责了。

在阿德勒的观点中，神经质是胆小鬼和弱者最常用的武器，他们以此来支配他人。

面对一个正在向自己倾诉不安的人，大多数人是不会置之不理的，所以神经质的人会成功地将别人的注意力集中到自己身上。有洁癖的人有时会把自己这种症状作为避免亲热的理由，这样就可以避免与伴侣发生关系，从而在这段关系中获得比对方更优越的地位。

也有人为了能控制对方，从一开始就寻找某些方面比自己弱的伴侣，这样的人不会选择比自己学历高或头脑更聪明的人作为伴侣。

从这个意义上来说，即使是看起来关系很好的情侣，一旦其中一方想要成为强势方，他就会总是想教育对方、批判对方，最终他们的关系也不会很好。

就这类人而言，他们很有自知之明，知道自己其实不够优秀，所以他们一边慌忙地掩饰自己的自卑，一边想要占据关系中更强势的位置。

为什么会变得有攻击性

也有人会更直截了当地支配对方。他们会对那些不听从自己命令的人充满攻击性，但他们也不是一开始就这么激进的。

攻击性强的人和爱哭泣的人一样，都希望自己成为被关注的焦点。

所以他们一开始就想获得表扬和赞赏，无法忍受被别人忽视的生活。

假如有一天，你突然想给喜欢的人做便当，你把便当做好后递给他，并且和他说，"你总是那么忙，连吃午饭的时间都没有，所以我早起为你做了便当。"

但是傍晚去拿饭盒的时候，你发现他一口都没吃，这种情况下你会怎么想呢？你可能会体谅他确实很忙，没时间吃，也可能觉得自己好不容易做出来的东西就这样被浪费掉了很可惜。这两种思考方式有很大的不同，如果是后一种方式，就可能会变得有攻击性。

消息没有被回复

让自己受到关注的方法不仅仅是做便当，频繁地打电话、发短信等，也是吸引对方注意力的方法。

虽然被对方放在心上确实很开心，但是当你在工作忙碌的时候，收到那么多消息和电话可能还是会感到很烦躁。

如果你能爽快地说出"我现在不能接电话，等会儿再说"，那倒还好。但如果你是一个无法拒绝别人的人，一旦这样的情况持续下去，你可能就会变得不再想打电话，甚至即使来电话也不想接，有消息也不会马上回复。

事实证明，人有时候真的会忙到抽不开身，接不了电话，也回不了短信。

有一个女生每天都忙于照顾生病的父母，每天都要赶在晚上父母睡觉之前完成很多事情。但她的男朋友总在这个忙碌的时间段打来电话，就算女生说"我现在很忙"，男生也不会挂断电话。有一天，男生再也忍受不了，问出这样一个问题："我们现在是在交往，对吧？"

从男生的角度来看，他认为女生的家庭情况与二人交往无关，自己也只有在这个时间才有空和女朋友打电话。但是，如果连打电话都不考虑对方的家庭情况的话，与这样的人结婚后，家庭问题还是会成为无法规避的问题。

有些人会因为对方没有像自己想的那样在自己身上花时间，或者迟迟不回复短信而感到不满，所以决定分手。也有些人会因为无法接受这些事情，从而变得有攻击性。

有个男人因为太忙，很长一段时间没联系他的女朋友。有一天，他发现家里的电话里有一条女朋友的电话留言："我知道你在家！"

当愤怒的情绪暴发时，两个人之间就已经没有爱了。有的人即使隐约意识到两个人之间已经没有了刚开始交往时的那种既热烈又真挚的爱，也不觉得这是什么严重的问题，甚至还天真地认为只要坚持下去，就还能找回当初的感觉。

这位留言的女生并没有注意到自己的男朋友已经厌烦了，仍然有很多话想对他说。可是，男生却抱怨道，"我很忙，回到家只想休息，但是你总频繁地发短信、打电话，你这样让我觉得很累。"之所以说出这些话，是他为了向女生证明自己不联系的行为是正当的。这其实是两个人争夺权力的过程。即使不是感情用事，当一方开始主张自己正确时，双方就已经进入权力之争。

解决这种权力斗争的方法只有一个，我在后面的章节里会提到。

后来，他还是抽出了时间和女朋友见面，可是久别重逢的她仍然是不高兴的样子。于是，男生就问她怎么了。她的回答全然出乎意料："你总是那么忙，一直都不和我见面！所以上周六我和你的朋友 A 见面，和他发生了关系。"听了她的话，男生愤怒到了极点，看她的眼神里充斥着厌弃，他更想知道她为什么要这样做。答案很简单，因为她想要报复他。

爱是不能勉强的

爱是不能勉强的。认为爱是可以勉强的人会觉得"自己被爱比什么都重要"，这种想法是大错特错的。关于这个问题，后面还会讲到。

这里需要指出的是，即使希望被爱，也不能强迫对方来爱自己。自己可以爱对方，但对方是否爱自己，是由对方决定的，自己没有决定权。

想要被爱并没有问题，但必须为了被爱而努力。

世界上有两件事是不能强迫别人做的，那就是尊重和爱。就算你说"请你尊重我""请你爱我"，对方也未必会尊重你、爱你。一个强制要求别人尊重自己、爱自己的人，是无法获得别人真正的尊重和爱的。认为自己能够强行控制别人情感的人，会对不接受自己想法的人产生攻击性，就算还没发展到"跟踪狂"的程度，也会频繁地打电话纠缠对方。

这样的行为反而会使对方的心变得疏远。只要稍微冷静思考一下，就会明白这样做的后果。但是，如果你的眼里只能看见喜欢的人，就会看不见自己在做什么。

做出这种具有攻击性行为的人，即使知道自己被讨厌也不愿意承认，因为承认错误很伤自尊。他们已经放弃了让对方喜欢自己的想法，转而想要让对方讨厌自己，所以变得具有攻击性和报复性。之所以会变成这样，是因为他们想要将问题归咎于对方。

这些都是为了获得对方的爱而产生的扭曲的希望和被认可的欲望，但这些都不是获得认可的恰当方法。想要被爱、被认可是不是理所当然的呢？这是另一个问题，我们后面再讨论。

嫉妒是恶魔的属性

想要强迫别人爱自己的人，还有想要支配对方的人，实际上是没有自信的人，没有自信的人往往也会嫉妒。哲学家三木清认为，"嫉妒是与恶魔相匹配的属性"。他还说，"无论什么样的情感，在表现得天真烂漫的时候总是具有某种美。然而，嫉妒却没有天真烂漫之时。"

三木清认为，爱并不是纯粹的，但也有纯粹的可能，而嫉妒则始终是阴险的。

对于其他情感，三木清都会指出其优缺点，但对于嫉妒，却只采用否定的说法。

爱和嫉妒的共同之处在于，它们比任何情感都具有"算计性"和"持久性"。如果持续不断地在爱中算计来算计去，那这样的爱也绝不可能是纯粹的爱。难以长久的情感会让人痛苦，但持久的嫉妒会让人更痛苦。

三木清还说，"发挥强烈的想象力"也是爱和嫉妒的共同特征。麻烦的是，有的人会想象对方不爱自己，并且努力地寻找一些虚假的证据。三木清认为，嫉妒之所以能发挥想象力，是因为人在嫉妒中混入了"某种爱"，因为没有爱就不会产生嫉妒。但是，我认为，爱和嫉妒是两回事。只有嫉妒的情绪才会发挥那种想象力，纯粹的爱并不会产生嫉妒。

有人认为，被嫉妒是自己被爱的证据。他们希望被嫉妒，如果不被嫉妒，就好像自己没有被关心一样。实际上这样的人，自己嫉妒对方，却不想让对方嫉妒自己。之所以产生这种"不被嫉妒就没有被爱"的感觉，是因为他们想让自己嫉妒对方的行为被正当化。

监视对方的行动只会让彼此之间的关系变得拘

束，而且这样做是不对的，毕竟不会有人知道自己被监视还感到喜悦。三木清说，嫉妒者的状态就像"出门了不在家""总是很忙"一样，因为嫉妒的人会到处寻找让自己嫉妒的事情，绝对不会停下来。

一个人即使真的被爱着，如果他没有自信的话，也会被"我是不是没有被爱""也许会出现情敌"等充满不安的念头所驱使。这是自卑感，是因为害怕无法留住对方而创造出来的想法。

但是即使想留住对方，也不能把对方看作是自己的所有物。阿德勒说，嫉妒是在把他人当作所有物对待时产生的。即使我们能像留住物品一样把对方留在自己身边，也无法拥有对方的心。

嫉妒的人会不断地寻找自己不被爱的证据，这会激发一种想象力，导致他能将任何事情都看作是不被爱的证据。关于嫉妒，阿德勒是这样说的，"嫉妒会以各种各样的形式表现出来，它的特征是无法信任，你会偷偷地怀疑对方，会不断地害怕被轻视。"

无法相信对方的人就会监视对方。他们害怕被轻视，也就是没有自信。在亲密关系中，嫉妒的情绪不是针对自己的爱人，而是针对情敌的一种感情。当情敌比自己漂亮、年轻时，就会产生嫉妒的情绪。这也是因为缺乏自信而产生的情绪。爱本来就不是能一决胜负的事情。只要是有足够自信的人，就不会产生嫉妒。

还有另一种情况，当你觉得对方在某种意义上比自己强得多，自己无论如何也比不上他的时候，也就不会嫉妒了。虽然对方比自己优秀，但当你觉得自己也可以与他匹敌的时候，就会产生嫉妒的情绪。如果对方拥有压倒性优势，你也就不会产生嫉妒。

就像给花浇水一样

那些想要支配对方的人、爱嫉妒的人，除了没有自信，还有一个共同的特征，那就是只关心自己。

有一位年轻男子与他美丽的未婚妻在舞会上跳舞，男子的眼镜不小心掉了下来，他为了捡起掉在地上的眼镜，差点儿把未婚妻撞倒。一个朋友见状感到很吃惊，问他怎么了，他说，"我害怕她踩坏我的眼镜。"

很明显，这位男子只关心他自己。讲述这个故事的阿德勒说，"从这个故事可以看出，这个年轻人并没有准备好结婚。"

此外，阿德勒还说："不能相信没有正当理由就约会迟到的恋人。"

阿德勒认为，约会迟到的行为反映出了一种"犹豫态度"。例如，你会担心见面时对方会怎么看待你的衣着打扮，约会时对方会不会讨厌你的行为等问题。阿德勒认为，人们正是因为花了很多时间考虑以上问题，犹豫不决，所以约会才会迟到。

但我认为不是。约会迟到的人并不是因为有这样的犹豫，而是因为没有把约会当回事儿。这样的人只关心自己，不关心对方。如果他真的为对方着想，就不会在没有正当理由的情况下约会迟到。

弗洛姆是这样说的，"如果一个女人很爱花，但她却总是忘记给花浇水，那么我们就无法相信她对花的'爱'。所谓'爱'，就是积极地关心爱人的生命和成长，没有这种积极的关心就不是爱。"

如果爱花的人忘记给花浇水，看到的人一定会产生疑问："他真的爱花吗？"同样，即使嘴上说着"我很爱恋人"，但却只考虑自己，对恋人毫不关心，也很难相信那个人是爱他的恋人的。

你的问题出在哪儿

综上，我们已经看到了各种恋爱不顺利的情况。即使一个人真的和自己的梦中情人坠入爱河，面对残酷的现实与困难也可能感到头晕目眩。得到你喜欢的人的喜欢，以及交往之后建立良好的关系，都是不容易的事。

　　害怕面对现实的人，在恋爱这件事上会表现得十分犹豫，遇到问题的时候可能会把责任推给对方。但归根到底，这是你自己生活风格的问题，并不是只要遇到了对的人，恋爱就能顺利进行。担心恋爱不顺利的人，通常缺乏自信并且只关心自己。如果不能从根本上改变自己以及恋爱关系，即使换个人谈恋爱，也会重蹈覆辙。

第二章

关于结婚和育儿中的困难

结婚可能是不幸的开始

虽说不是所有恋爱都能走向婚姻，但我想几乎每个人都思考过关于结婚的事情。即使是不婚主义者，也是在思考过关于婚姻的种种事情之后才做的决定。

在本章中，我们来探讨婚姻与孩子会给两个人的关系带来怎样的影响。

在我刚上高中的时候，我的班主任曾说过，"不以结婚为目的的恋爱不要谈"，这在当时让我很吃惊。

现在的我已经想不起来当时的语境了，但在那之后的很长一段时间里，我都在思考这句话的意思。

在我看来，恋爱的终点不一定是结婚。很多小说、电影、电视剧都是以相爱的两个人结婚为结局。但在现实生活中，结婚只是两个人新关系的开始，而不是终点。如果说得难听些，结婚可能不仅不是幸福的结局，反而可能是不幸的开始。婚后生活很重要，婚后夫妻关系的经营也同样重要，想要维持好的关系也并非易事。

很多已婚人士都有过这样的体会——结婚并不一定能获得幸福。如果不努力经营两个人的关系，婚姻很快就会画上句号。

阿德勒说，"把爱情和婚姻看作理想的状态或者故事的圆满结局是错误的。这段关系的可能性是在两人结婚后才开始的。"

刚结婚的两人可以被比作未经雕刻的大理石或青铜，拥有许多可能性，但如果不实际进行雕刻，就什么都呈现不出来。婚姻幸福还是不幸，取决于婚后两个人的努力。

有些情侣看一眼就知道结没结婚，因为已婚的两个人大多看起来并不幸福。有时能看见男性自以为是的情况，也能遇到女性把购物袋塞给男性，然后自己阔步前行的情况。

看到对方在结婚后暴露本性时，你可能会觉得像是上当了一样，感到非常惊讶，甚至产生抵触情绪。但对方的这些坏毛病并不是突然出现的，只是你在结婚前没有注意到而已。

恋爱的时候为了随时都能分手，就会像绑一个能轻松解开的蝴蝶结一样处理两个人的关系。即便在刚开始的时候是这样想的，两个人的关系也会在不知不觉中产生纠缠，慢慢变成无法轻易解开的死结。

当两个人下定决心要一辈子长久地在一起生活时，才会选择结婚，所以大多数人在婚后即使关系不和谐，也不会像谈恋爱时那样轻易说分手。

结婚不是举办一场活动，而是两人长久地在一起生活。比如两人在谈恋爱时去旅行，通常是直接去外面吃，这样不需要亲自做饭，吃完饭也不需要洗碗。但是结婚以后就不能不做饭，而且吃完饭还要收拾餐桌和厨房。这就是恋爱和结婚的区别。

两个人一旦开启了长久的共同生活，就不可能无时无刻都只展现自己的优点。同样的，我们也不能只看对方的优点就决定结婚，还要考虑很多方面，比如要在结婚前和对方的父母、亲戚、朋友打交道。

婚姻的未来无法预测

即使结了婚，也可能会不幸福，如果结婚一定能幸福，人们就不会犹豫是否要结婚了。

也正是因为无法预测婚后的真实生活，才让许多人都害怕结婚。关于婚姻，阿德勒是这样说的，"我们无法像计算石头掉落的路径一样预见婚姻的未来。

石头掉落遵循的是一种客观的物理定律，而我们生活在有随机性的真实世界中。"

如果是掉落的石头，我们可以计算它会以怎样的路径掉落，但我们无法预知结婚后两个人的生活会变成怎样。石头掉下来的时候一定会遵循物理定律，但是有自由意志的人会自己做出选择和行动，有时也可能会做出错误的选择。

随着交往的深入，两个人的状态不可能和刚开始交往或刚结婚时一样。这里所说的"不可能一样"并不是说两个人的关系一定会恶化，相反，随着交往时间变长，关系也可能会越来越密切。

当然，从本质上讲，只有两个人的感情不改变，无论发生什么问题，两个人都是彼此相爱的，互相信任的，他们才能走入婚姻。虽然两个人会一直相爱，但不代表对对方的想法一成不变。如果有人从认识之初开始，对对方的想法就一直没有改变过，那么可以说他从一开始就对对方没什么想法。

既然想法会发生变化，就不能预测婚姻的未来。

正因为无法预测，婚姻才有价值

人们都说"结婚可以收获幸福"，但这只是一种信念而已。例如，"今天下雨了"是既定事实，而"明天会下雨吧"的意思是"希望明天会下雨"，是一种信念。关于婚后生活也是同理，它无法像计算石头下落的路径那样被预测。

如果未来的一切都已经注定，并且都可以被预知的话会怎样呢？再也不会发生意料之外的事情，也不会发现未知的东西，因为我们提前知道了所有的事情。如果真的变成这样，那科学就没有价值了。

这个道理不仅适用于科学，也适用于人际关系。即使是老朋友，也有可能在不经意间发现一件一直都不知道的事，或者看到对方做出意想不到的行为。正是因为这些未知之处，和他人相处才显得有趣，如果所有的事情都能被预知，那就没意思了。

阿德勒说，如果所有的事情都可以预测的话，那么我们周围的世界只不过是一个不断重复的普通故事而已。

正因为有不知道的事情，我们才要努力去了解它。即使未知的事让人感到恐惧，但也正因为会发生无法预见的事情，我们才能真切地感受到活着的快乐。

相爱的两个人会希望结婚是恋爱的终点，但谁也不知道结婚之后会发生什么，所以两个人才会努力去爱。如果未来的一切都已注定了，两个人就不会努力改善关系，这样的人生也是不值得的。

生活的价值在于无法预知的未来。认为自己能够预知未来的人不会认为两人的关系会发生变化，也无法察觉到两个人的关系正在变差，更谈不上会努力改善关系，这对两个人的感情来说是个大问题。

阿德勒很喜欢这样一则寓言：孩子们围住了躺在

病床上的父亲，儿子走上前，希望父亲能说出一些关于未来的事情，而父亲却这样说，"关于未来我只知道一件事，那就是所有的一切都是不断变化的，这个世界上并没有确定的未来。"

为什么无法下定决心结婚

有些人无法下定决心和交往了很久的对象结婚。其实，不结婚这个决定本身并没有问题，但是如果问起他纠结的原因，就会发现两人关系中出现的问题。

使用最多的理由是没有自信。如果只是偶尔见面，就可以让对方只看到自己的优点；但如果长时间相处，就难免会暴露缺点，因此才会犹豫要不要结婚。

也有人因为自己结婚后可能会喜欢上别人而选择不结婚。这些可能会移情别恋的人大概会这样想，"即使真的精神出轨了也没办法啊，也不是我能控制得了的事。"但是，他们却无法接受伴侣喜欢上了别人。

也有人因为结婚后会变得不自由，所以犹豫不决。许多人在恋爱初期就感受到了这种束缚感，不得不说有这种感觉的人对恋爱和婚姻的看法可能存在问题。共同生活确实会带来一定的不自由，这是显而易见的。

也有人因为结婚对象可能不育而犹豫是否结婚。最终是否会有孩子，也许无人知晓。即使不能生孩子，也并不意味着这段婚姻没有意义。

确实有些夫妻因为结了婚却不能生孩子而痛苦。但是他们痛苦的根本原因并不是生不了孩子，而是他们对生孩子这件事产生了偏执。

也有人认为结了婚就得生孩子，所以对结婚这件事比较犹豫。有人害怕生完孩子会变得不好看，也有人觉得养育孩子很辛苦。这类人往往只考虑了女性在婚姻中会受到的不公待遇。

在养育孩子的过程中，很多女性得不到伴侣的协助，这意味着女性一定会更加辛苦，这是不公平的。虽然女性的生育过程是男性无法代替的，但没有理由只让女性来承担养育孩子的辛苦，男性也必须参与整个养育过程。和我以前接送孩子去幼儿园的那个时代相比，现在的男性在对家庭的贡献方面提高了不少。

如果情侣双方或者其中一方，因为考虑到孩子的问题而犹豫要不要结婚的话，可能是因为他们认为养孩子是在剥夺他们的时间。还有人认为生下来的孩子会代替自己成为家庭关注的焦点，家人们会不再关注自己，转而去关注孩子，这是他们不能接受的。

以上列举的都是对结婚犹豫不决的理由，都是为了把不结婚的决心正当化。

如果你的父母反对你结婚

也有情侣因为父母反对这段感情而无法下定决心结婚。例如，两个人在没有固定工作的情况下结婚，会遭到父母的反对。但是这毕竟不是父母的婚姻，所以两个人是否结婚并不由父母直接决定。

即使有些父母对孩子的婚姻提出反对意见，但这并不代表他们能对自己的意见负责，甚至说他们并不能对孩子的人生负责。当孩子无视父母的反对执意结婚，但又过得不幸福时，父母也许会后悔当初没有更强烈地反对。其实，婚姻幸福与否的责任只在孩子自己身上，父母不应该过度干涉孩子的决定。

父母之所以担心，是因为他们发自内心地为孩子着想。我们应该感激父母对我们的关心，但必须明白责任在自己身上。

无论是和父母不看好的人结婚，还是和父母介绍的相亲对象结婚，不管我们的婚姻幸福与否，我们都没理由怪罪父母，一切的责任都只能由自己承担。

父母反对孩子结婚的理由，除了刚才列举的以外还有很多。父母反对子女的婚姻，可能是因为害怕孩子婚后就不需要自己了，这其实是因为父母无法独立。

但是，无法独立这种事情只能由父母自己解决，孩子也没有办法解决。即使父母因为反对孩子结婚而生气，这种情绪也只能由父母自己想办法消化。

虽然结婚前父母反对，但结婚后两个人最终还是获得了幸福，这也是一种孝顺。如果要改变父母的反对态度，只要努力让自己的婚姻过得幸福就好了。

如果你的婚姻正在遭到父母的反对，你可以试着这样想：父母一旦觉得"这个孩子可能不需要我了"就会突然产生无力感，也就是说在认为"这个孩子没有我不行"的时候，父母还是很有干劲的。有时候，在父母的反对下仍然坚持这段婚姻，也是一种孝顺父母的表现；反过来说，做一些让父母反对的事未必就是不孝。

太过功利的人在关系中会牺牲对方

至此我们分析了各种各样犹豫是否结婚的理由。虽然五花八门，但基本上都是担心结婚后可能会发生的事情。人们并不是因为有了这些理由才不能结婚，而是为了不结婚才提出这些理由。

提出不结婚的人大多是因为害怕，他们不知道结婚会带来怎样的未来。所以对于这类人来说，当他们想要结婚时，会选择那些看起来没什么城府的人，会选择那些可以预见的生活。也就是说，比起结婚对象本身，他们更在意对方的收入、社会地位等条件，靠这些来判断对方是否是"安全"的人；他的父母是什么样的人，他有没有兄弟姐妹等，这些条件也在考虑范围中。

如果伴侣是工作认真并且有社会地位的人，即使无法预测婚后生活，物质生活应该也不会过得太差。因此，没有钱、没有固定工作的人，从一开始就被排除在结婚候选名单之外，因为和这样的人在一起，能看到的只有悲惨的未来。我认为有这种想法的人所说的"幸福"，实际上并不是"幸福"，而是"成功"，但我们现在不讨论这个问题。

还有人认为，如果结婚对象是名人，自己的社会地位也会随之提高。阿德勒认为，这样的人是在通过牺牲他人来提升自己的价值。

如果对方意识到自己是因为财富和社会地位才被恋人选做恋爱对象也不会高兴的。当然，也有些人认为自己无法得到任何人的爱，所以想要利用自己的财产和地位来获得爱情甚至是婚姻。

总而言之，只要选择利用爱情与婚姻，让别人实现自己的愿望，这个人就是在牺牲对方。

夫妻关系应该是完全对等的关系，而这种以牺牲对方为代价的关系并不对等。那么平等的关系又是什么样的呢？我们后文再讨论。

生活风格是主要问题

很多人把收入稳定和拥有一定社会地位作为结婚的重要条件，但这些和生活风格相比，都是微不足道的。知道了两个人的生活风格，就可以大致预测出两个人以后的生活。

这样预测的未来也不是既定事实，如果生活风格产生了变化，两个人的关系就会随之发生变化。

这里需要指出的是，经济和社会责任上的问题并不会成为影响结婚的主要问题。

父母往往会对孩子说，"等你自己能赚钱了，你想干什么都行。"这样一来就能让孩子们在学生时期对父母唯命是从了。还有另一句许多父母都会说的话，"别忘了，你是我养大的。"孩子们听了这句话立刻就会变得无话可说，尽管他们前一秒还觉得自己有道理。

如果夫妻双方中一人以经济上有优势为由，对对方的生活风格加以限制，婚姻就会变得不顺利。更有经济优势的人并不意味着在感情中是上位者，但是很多人都误以为是自己在养着对方。

伴侣不是父母

有些生活风格会影响婚姻生活。例如，一对情侣中的一个人是娇生惯养长大的。两个人在一开始的相处中感觉不出来有什么大问题，但相处时间久了问题就会显现出来。如果两个人都是被家人溺爱的孩子，那么结果无疑是更加惨烈的。

关于这些人的婚姻生活，阿德勒是这样说的，"两个人同时期待着对方的给予，自己却呆呆地站在原地，不付出任何东西，并且都觉得对方不理解自己。"

这里的"给予"指的是什么呢？娇生惯养的人希望得到对方的溺爱，如果得不到这种溺爱就会认为对方不理解自己。但是，在一段健康的关系中，应该给予对方的东西并不是溺爱。

被溺爱的孩子设法得到自己想得到的一切。在童年时期，他们是真的可以通过哭闹得到的，如果得不到，就会持续表达强烈的抗议。

这种想要什么就能得到什么的"黄金时代"终究会结束，但是有些人并没有意识到这一点，仍然觉得人生是自己想要什么样就会变成什么样，甚至认为如果得不到想要的东西，生活就没有意义。

生活里确实有单靠自己的力量无法解决的事情，向他人寻求帮助并没有错，也是必要的。认为什么都应该自己一个人做，无论如何也不向别人求助的人，反而会让周围的人感到为难。

把别人的帮助当成理所当然也不对。当你向他人寻求帮助时，别人帮你是情分，不帮你是本分。

当遇到他人不按照自己的期望行事时，从小被溺爱的人就会产生攻击性。父母可能不会在乎孩子出现有攻击性的情况，但婚姻中的伴侣不是父母。因为伴侣不像父母那样事事都顺着自己，就认为这个人不适合成为自己的结婚对象，这是错误的观念。

人们在交往的时候还会培养感情、改善关系，但是一结婚，就好像大功告成了一样，再也不会为伴侣精心准备礼物或者努力地讨伴侣的欢心了。

结婚并不意味着到达终点，婚后也是要通过其他方式努力改善关系的。但是娇生惯养的人无法接受对方的变化，只会觉得伴侣不理解自己。

阿德勒经常提到关于溺爱和被溺爱的问题，他说："在我们的文明中，无论是社会还是家庭，都不希望溺爱的过程无限持续下去……因为人们认为一个人如果没有做出任何贡献，就不应该总是成为人群关注的焦点。"

如今这个时代和阿德勒生活的时代不同，很多人都是娇生惯养长大的，他们不用特别做什么就能获得关注，但这是不合适的。如果所有人都明白这一点的话，我想现在的很多问题都可以避免。

角色不是被固定的

阿德勒讲述了一个被父亲溺爱的小女儿的事例。故事里的父亲再婚后，他的女儿觉得自己被父亲抛弃了，于是对父亲怀恨在心，决定这辈子都不结婚。

有一天晚上，小女儿做了这样一个梦。

"耶稣出现在我面前，邀请我和他一起去天堂。耶稣说，我在天堂的工作是取悦所有人。如果我不接受这个邀请，我就要下地狱。"

这个梦中的耶稣就相当于向她求婚的男人，邀请她一起去天堂也就是步入婚姻，但是不接受邀请就会下地狱未免也太强人所难了。

梦里的那份工作是让所有人高兴，相当于结婚后，她要做的事就是让这个男人高兴。

关于这个梦，阿德勒是这样解释的，梦中"取悦所有人"的这份工作轻视了女性的作用，这反映出她认为女性的作用不过是让男性高兴而已。

一方面，如果一个人只想着对方付出什么能让自己高兴，那么婚姻生活就会出现问题；另一方面，如果认为女性结婚的任务就是让男性高兴，这种想法也很危险。

这个小女儿不想结婚，她觉得婚姻对她没有吸引力。为了坚定不结婚的决心，她必须看到令人绝望的婚姻生活到底是什么样的，所以在梦里看到耶稣引导她去天堂。

"于是我去了天堂，在那里我看到了很多像阿纳托尔·法朗士的讽刺文学《企鹅岛》中的企鹅一样的天使，也看到了上帝，上帝剃了胡子，像药店广告里的男人一样到处走动，我感到非常绝望，很想离开。"

这是小女儿对婚姻的印象，在当今时代也有许多和她有同样想法的人。从她的话里我们可以看出她的婚姻观有两个问题。

一个问题是，她认为结婚就是要让对方高兴。在前面提到过"给予"这个词，像娇生惯养的孩子一味地期待别人的给予是错误的，反过来，一味地付出只为了让对方高兴也是错误的。

另一个问题是，男性的角色和女性的角色是固定的。

如果在外工作的丈夫夸口说，"我没有让妻子在经济上有任何不便"，妻子听了也不会觉得开心。小时候父母总对我们说，"等你自己能挣到钱，你想干什么都行。"我想很多人都会对此表示不悦。这两种情况相似。

到底是在外工作还是在家操持，并不是由性别决定的，只是在权衡之下决定某一方暂时主外或者主内而已。

家务本来就不是某个人的个人任务，应该是一家人共同分担的。如果因为白天在外面工作不能做家务，那么晚上回家后再做也是可以的。

这是个很简单的事情，问题在于当今社会轻视了正确对待家务的重要性。夫妻关系中，在经济上处于弱势的人总是被看低的一方。

有了孩子之后的困难

讲到这里，婚姻话题可能给人留下了比较复杂的印象，关于这些问题的解决方法将在后面的章节中进行介绍。最后这一小节，让我们看看婚后可能出现的关于孩子的问题。

很多夫妻在孩子出生后会改变对伴侣的称呼，会称呼丈夫为"孩子他爸"，称呼妻子为"孩子他妈"。这是从孩子的层面来称呼对方的，其实不用仔细想就会觉得特别奇怪，但是很多人都没有意识到这一点。

为了养育孩子，夫妻合作是不可或缺的，但是家庭一旦开始以孩子为中心，就会出现相应的问题。

问题一，通常是母亲和孩子紧密地联系在一起，父亲在家庭关系中显得有些疏远。特别是从小娇生惯养着长大的父亲，他一直都是家人们的关注焦点，但是有了孩子后所有人的注意力都转移到了孩子身上。他无法忍受这样的落差，孩子显然就成了他的"竞争对手"。

一旦有了孩子，母亲几乎就需要一刻不离地照顾孩子，这时有些父亲会觉得自己被忽视了，这让他们感到很困扰。

问题二，有了孩子后，双方的身份不只是"丈夫和妻子"，更是"父亲和母亲"。

以孩子为家庭中心，互相称呼"孩子他爸""孩子他妈"的夫妻俩，即使孩子长大了，离开了父母，也会继续这样称呼对方。

如果这样称呼是一对夫妻多年的习惯，就意味着他们把孩子作为婚姻的中心。从孩子的层面来称呼对方，两个人对彼此的感情也随着称呼的改变而发生了变化。

有人说，在一起生活久了，两个人之间就没有爱情了，只剩下责任。

古希腊哲学家亚里士多德曾说过，"哲学始于好奇。"恋爱也同样始于好奇。通过了解不同的思考方式和感受方式，爱情会更加丰富，也正是这些惊喜让我们的人生也变得更加丰富。但在一起生活久了，这种惊喜就会消失，后文会提到我们该如何应对这种情况。

第三章

爱一个人的本质是什么

不是消除黑暗，而是让光明到来

至此我们讨论了恋爱和结婚时可能会产生的各种问题。我不想从爱的定义开始讲起，因为我认为从不顺利的案例开始讲，可能会引起更多人的共鸣。

但是事情也没那么简单，并不是只要消除前面提到的那些问题就万事大吉了。

要想知道两个人的关系出现了什么问题，首先要知道一段好的关系应该是怎样的。但是，爱一个人到底是怎么回事，应该怎么做，我想大家都不太清楚。

如果把爱情中出现的问题比作黑暗的话，那么解决问题的方法就像是一束光。黑暗不是一种实体，我们无法消除它。如果想要驱散黑暗，只要想办法让光芒照进黑暗的地方就可以了。恋爱也是一样，我们需要的不是消除黑暗（解决所有问题），而是应该寻找光明（了解爱的正确方法）。

为了不让恋爱和婚姻走向悲惨的结局，并且减少痛苦，在本章中我将以前面提到的恋爱和婚姻中的困难为基础，来阐述爱的本质到底是什么。

爱是理性和热情的结合体

如前文所述，有些人认为爱是自然存在的、无法通过人为干预去改变的事，这些人不会特意提出"爱是什么"这样的问题。这并不是一个随便想想就能得出答案的问题，也正因为它困难，所以提出和不提出这样的问题是有很大区别的。

爱一个人的时候，必须要想明白爱是什么吗？其实，你可能会在不知不觉中坠入爱河，无论是睡觉还是醒着，都在一直想着那个人。

如果你认为爱是自然而然的，那么爱就会变得无法经营。因为在这样的前提下，就算关系进展得不顺利，也怪不到自己头上，你会认为无论如何自己都是无能为力的。但是这样一来，也就无法靠自己重建关系，也无法改善关系。

反过来说，如果你认为爱是可以通过经营越变越好的，那就能看到二人出现了什么样的问题。即使恋爱不顺利，也能冷静地解决问题。

话虽如此，但"冷静的爱"听起来就是一个自相矛盾的说法。柏拉图的《斐多篇》提到，理性和热情的结合体才是哲学精神。

"哲学"的拉丁语是 philosophia，拆开就是 philo（爱）和 sophia（智慧），意味着"爱智慧"。从这个意义上说，哲学的本质是爱。爱是理性和热情的结合体，甚至这种热情也可以是狂热。因为面对自己所爱之人，或多或少都有些狂热和不理智。

分手理由无处不在

有个女生问我，因为工作太忙，好几个星期没能和男友见面，好不容易见面了却被提出分手，这到底是为什么呢？如果和男朋友一直都能见面，两个人产生分歧或者是吵架了，那也许能找到分手的理由。但是好久没有见面却突然要分手，这种情况下，完全想不出分手理由是什么。

吵架可能会成为分手的契机，但是吵架后也不是不能和好，所以这不是分手的真正理由。

从表面上看，两个人是吵架后才分手了。但实际上，在吵架之前两个人的关系应该就已经不太好了。其中一方觉得恋情无法再继续下去了，才在吵架后下定了分手的决心。

毫无理由地提出分手，对方是不会接受的。为了达到分手的目的或者向对方说明自己已经变心的时候，需要一个强有力的理由，毕竟一个完美的理由更容易说服对方。所以，人们并不是因为某个理由分手，而是为了分手才找出了某个理由。

在寻找分手理由的时候，人们往往会从对方身上的特点开始入手。对方曾经深深吸引着自己的那些性格，最终反而成了分手的借口。曾经认为的温柔，如今成了优柔寡断；曾经认为的能引领自己，如今成了控制欲太强；做事一丝不苟也变成了斤斤计较，令人厌烦。

所以，并不是性格改变了，而是为了找到分手的理由，改变了对对方的看法。即使在以前认为是吸引自己的优点，现在也要硬把它当作缺点，以此作为分手的理由。

恋爱没有"为什么"

我从分手的话题开始切入来解释"爱是什么"。为何从这个角度开始切入呢？我是想说，爱一个人是没有理由的。

假设你有喜欢的人，被别人问到"你为什么会喜欢那个人"，你大概无法直接回答出来，只能说"没有为什么，我就是喜欢他了"。

当然，也有一些客观条件会对这种喜欢产生某种影响。比如外貌、学历、社会地位等，这些都是交往、结婚时所谓的好条件。

也有人完全不重视这些。因为容颜会随着年龄增长而逐渐老去，在工作中可能会经历中途辞职或公司倒闭，即使是看起来身强体健的年轻人也很有可能因为生病而无法继续工作。

如果对方没有了这些好条件，你是不是就不会再喜欢他了呢？

假如对方真的失去了这些好条件，你还是一如既往地深爱着他，那这份爱就是没有任何理由的。只要有爱的决心，无论现实中发生了什么，这份爱都不会改变。

能成为真正伴侣的人不会算计你

有些人在恋爱关系中会去算计、消耗他人，但是能成为真正伴侣的人，他们的爱是无条件的，不存在算计，也不会因为对方对自己有利，才选择他们来做伴侣。前面提到的那些被溺爱着长大的人则相反，他们会在挑选伴侣时考虑这个人对自己来说是不是有用。

阿德勒说，在爱情里能够成为真正伴侣的人，不会通过牺牲别人来提高自己的价值。他们不会因为经济条件好或为了提高自己的身价而找谁做伴侣。也就是说，即使他们和了不起的人交往也不会自以为是，觉得自己也跟着变得很厉害了。

爱是超越冲动的行为

前面的章节中，我们讲到爱一个人不需要理由，爱的决心就是一切。有人认为爱与决心无关，而是一种本能，就像人在愤怒或悲伤时会流泪一样无法抑制。但是，事实并非如此。爱并不是一种自然的、无法控制的事，也不是出于冲动和本能。

不仅是爱，人的很多行为都是可以控制的。例如，我们不会因为饿了就去抢别人手里的食物，甚至在非常饿的情况下，只要身边有更需要食物的人，还是会想要把食物分享出去。即使没有做出分享的行动，内心里也会强烈地意识到应该去分享。

生气也是可以控制的，虽然生活中常常听到"那个人脾气不好，总是突然就生气了"的情况。但人们其实并不是突然就生气了，而是在那一瞬间，判断了当下是能发泄愤怒情绪的时候。

有一位服务员不小心把咖啡洒到了一位男顾客的西装上，结果他大声斥责了服务员。在这件事上，西装被咖啡弄脏和斥责服务员之间似乎存在因果关系，但如果把咖啡洒出来的是一位美女服务员呢？那么男顾客可能就不会生气，也许还会笑眯眯地说"没关系"。所以这位男顾客是经过一瞬间的思考后，才决定要不要生气的。由此可以证明，愤怒的情绪不是根据事件本质而客观产生的。

爱也一样。爱是有疯狂的、不合理的一面，但人并不是因为冲动才产生了爱某个人的想法。一个人只有从一开始就下定决心去爱，才能正确地理解在恋爱中发生的所有事。

我不喜欢别人，我只喜欢你

有的人会和自己喜欢的人说："我不喜欢别人，我只喜欢你。"这就好像不爱别人就是爱对方的证明。但是这句话能证明他真的爱你吗？

弗洛姆说过，爱一个人是一种能力，这种能力并不是针对某个人的，也不是排他的。爱一个人的能力就像骑自行车的能力，虽然这个比喻可能有些不恰当。

一个会骑自行车的人，无论是山地自行车还是共享单车他都能骑。人们对自行车的样式有不同的喜好，但无论选择骑哪种自行车的前提都是必须会骑自行车。

爱的能力也是如此。说出"我不喜欢别人，我只喜欢你"的人，并不能说明拥有了爱的能力。

换句话说，"我喜欢别人，也喜欢你，但我对你的感情更强烈。"这样将两个人进行比较的说法，合适吗？

其实"我不喜欢别人，我只喜欢你"这句话怎么听都觉得怪怪的，听到这句话的人也不会有真正被爱的感觉。因为这一刻和你说这句话的人，也可能转头把这句话讲给别人听。

印度的宗教哲学家吉杜·克里希那穆提曾发出过这样的提问，"在深爱某个人的时候，那种爱会把其他人排除在外吗？"

克里希那穆提和弗洛姆的想法一样，他们认为，当你爱一个人时，没有必要排斥他人。

柏拉图曾对苏格拉底说，"喜欢酒的人会以各种理由收集各种酒。"有些人拘泥于品牌，只是喜欢某个固定品牌的酒，这并不是真正喜爱酒的人。喜欢猫的哲学家左近司祥子接受了苏格拉底他们这番话，认为只要喜欢猫，不管是脏兮兮的野猫还是毛茸茸的波斯猫，任何猫都很可爱。真正喜欢猫的人应该也会认同这个观点的。所以，那些说出"我不喜欢别人，只喜欢你"的人，并不能说是真正懂爱的人。

邻人之爱是否可行

克里希那穆提曾说，"首先要有大爱，然后才有对特定某人的爱。"他区分了全面的爱和对特定的某人的爱。

这就像弗洛姆所说的，如果你没有爱的能力，你就没办法去爱别人。

阿德勒关于爱的观点与"爱你的朋友，也要爱你的敌人"的邻人之爱相近。娇生惯养的孩子会想，"为什么我必须爱邻居呢？我的邻居也爱我吗？"然而，即使不是娇生惯养的人也会想问，别人并不爱我，我为什么要爱别人呢？

与阿德勒共同进行研究的弗洛伊德对邻人之爱也抱有疑问，如果改成"就像你的邻居爱你一样，你也要去爱你的邻居"的话还比较能接受。这句话换一种说法就是，"如果你爱我的话，我也爱你。"对爱自己的人说出这句话还是比较容易的。

弗洛伊德甚至认为邻人之爱是"理想化的命令"，是违背人类本性的。陌生人不仅不值得爱，可能还会引发敌意甚至仇恨。

对于邻人之爱，弗洛伊德在书中写道，"为什么应该这么做？这么做有什么用？最重要的是，如何执行这个命令？这个命令有可行性吗？"

拥有更成熟的生活风格的阿德勒认为，弗洛伊德的这些问题是只是站在被爱的人的角度提出的问题。阿德勒认为，即使没有人爱我，我也要爱别人。

重要的不是被爱，而是去爱。关于这个想法，我们在后文慢慢阐述。在这里我想说，爱不是自然和冲动的。即使理想的爱与现实有很大的距离，只要知道理想的爱应该什么样子，也许就可以改变现状。虽然不能完全像理想中那样爱一个人，但是正因为和现实不同，才称之为理想。有了理想，才能改变现实。

对他人永远有平等的爱

精神科医生神谷美惠子年轻时失去了恋人，她在《关于生存的意义》中有这样一段记述，"……我的人生再也回不到当初了，啊……今后我该怎么办，又该为了什么而活下去呢？"

神谷在书中写道，从那以后，无论对谁，无论对哪个异性，她都只能报以平等的爱，以不偏袒的公平态度去对待。神谷觉得这样的自己像是生病了一样。

与这种平等的爱相对立的，是专一的爱。用克里希那穆提的话来说，就是"对特定的某个人的爱"。但失去所爱之人的神谷，却已无法再去爱"特定的某个人"。

有一天，神谷读了卡尔·雅斯贝尔斯的《世界观的心理学》，觉得里面写的事和自己的经历很像。

那是一位像神谷一样失去了挚爱的少女，她在书中写道："从那以后，我再没有遇到过那样一个特殊的人，让自己可以奉献出绝对专一的爱。"

这里的"我"，是独立的个体，拥有自己的特征和个性。

我认为，要想作为"我"去爱一个人，必须先要有平等的爱。

前面提到过，即使对方说"我不喜欢别人，只喜欢你"，你可能也不会有被爱的感觉。这是因为虽然对方表达了"我喜欢你"这种专一的爱，但却缺乏平等的爱。

我对所有人都怀着平等的爱，但我爱你胜过其他任何人，这才是爱的本来形态。专一的爱以平等的爱为基础，作为独一无二的我去爱独一无二的你。说出"我不喜欢别人，只喜欢你"的人，爱的不是独一无二的你，当他的想法改变时，转头就能爱上别人。从这个意义上说，他的爱不是真正的爱。

把萍水相逢变成命中注定

三木清说，无论一切是必然还是偶然，命运这种东西都是无法思考的。

人与人的相遇本身就是偶然的，这一点毋庸置疑。《涅槃经》中的"盲龟浮木"一词来源于一个故事。生活在深海的巨大盲龟每一百年才会在海面上出现一次，就在这时，乌龟探出头的地方漂浮着一根空心的浮木，乌龟碰巧把头伸进了浮木空心的洞里。在生活中，我们会与很多人萍水相逢，但我们可以把这种偶然的相遇升级成为命运的邂逅。世界上本不存在命中注定的人，一个人是否是自己的一生挚爱，正是由自己决定的。

日本小说家辻邦生曾讲述过他第一次见到作家幸田文那天的事情。那天，两人聊到了"人生中的缘分"。辻邦生当时五十多岁，在他的记忆中，幸田文的表达清晰又充满了魅力。

穿着夏季和服的幸田文挺直了背，这样说道，"今天真是承蒙您的照顾。不过遗憾的是，我想我和辻邦生先生应该是无缘的。我们是两个不同世界的人，年龄也相差甚远。但这仍然是在我七十七岁的夏天里一份难得的缘分，所以今天就来拜访您了。"

如果人生重来一遍，即使改变了某个小小的选择，曾经相遇的人也许就再不能相遇了，与那个人相遇的喜悦也就没有了。

两个人只有擦肩而过的邂逅是不能在一起的，如果能将邂逅升级为"缘分"，那么两个人的关系就不会只停留在偶遇的层面上了。

比如一位正在找工作的学生，不可能参加完所有公司的面试。我的朋友在找工作的时候突然下雨了，为了躲雨便临时起意，去了避雨的那家公司面试，随后就成功入职了。他原本并没有准备去那家公司面试，如果当时没有去那里避雨，也就不会进入那家公司工作。如果朋友只是避雨，就不会有这段小故事了，但是朋友却把这段偶然的经历提升到了"缘分"的高度。

恋爱也是一样，并不是和所有的人见面后都能交往，通过比较思考才会决定和这个人交往或结婚。能不能把萍水相逢变成命中注定，就看你自己了。

不存在一见钟情

打破自己对别人的幻想，只要几句话就足够了。

由此可见，我不相信所谓的"一见钟情"。《在巴比伦河边》这本书是哲学家森有正所写，记录了他第一次对女性抱有类似乡愁的憧憬和隐约的欲望。但是实际上，森有正和他所憧憬的那位女性没有任何交谈。夏天结束了，她也离开了。

森有正实际上是在完全主观的、没有与对方直接接触的情况下，构建了一个理想中的形象。然而这个形象并不是真实的她，只是森有正的想象而已。

如果森有正真的和她交谈了，他心中的那个形象可能就会崩塌。从某种意义上说，也许他没有和她说话反而是好事，因为她可以永远作为一个完美的理想型活在他的想象中。

邂逅

宗教哲学家马丁·布伯认为，人类对待世界的态度有两种，一种是"我—你"的关系，另一种是"我—它"的关系。在"我—你"的关系中，我以自己的全部人格面对你，我和你相互理解和尊重；而在"我—它"的关系中，以我为主体，把对方当为工具性的、非人格化的对象来体验。

在不进行交流、将他人工具化的"我—它"的关系中，我们像看待物品一样看待对方。这两种关系的根本区别就在于是否与对方交流。一见钟情就属于这种"我—它"的关系。在一见钟情中，我没有和对方平等交流，而是将对方工具化。也就是说，我不专注于思考你是怎样的人，只是根据过去认识的人来推测你这个初次见面的人。

在"我—你"的关系中，我是以完整的人格来面对你。这种邂逅，不是指在街上与谁擦肩而过，而是我作为独一无二的我和独一无二的你交流，这时才算两人的"初次相遇"。

说相遇也未尝不可，但之所以使用"邂逅"这样更加厚重的词，是想强调邂逅的特别之处。

这样的邂逅不会只是一瞬间，而是一个长久的过程。"du"在德语中是对亲密的人的第二人称代词。关系一般时称呼对方为"Sie"，关系近了就叫"du"。至于什么时候才能改变称呼，这对两个人来说都是重要的问题。因一直冷淡地称呼"Sie"而感到别扭的一方或者双方，总有一天要鼓起勇气问出"什么时候能称呼你为'du'呢？""我可以叫你'du'吗"这样的问题。

进入一段这样的关系中的"我"，就不再是之前的"我"了。

相爱的两个人也是如此。我已经不再是当初孤身一人时候的我了，我因为我所爱的人活着，我所爱的人活在我的心中。按照马丁·布伯的说法，当一个人从最精彩的瞬间进入下一个阶段后，他就会变成和之前不同的人。布伯虽然是使用了"瞬间"这个词，但是两个人其实是在不知不觉中变成了对方的"du"，随后再也无法脱离对方单独存在了。

爱是"流动"的

弗洛姆指出，在西方语言中，名词的使用比动词更为频繁。"爱"这个名词只不过是把爱的过程抽象化了，后来又从人类活动中分离出来变成了实体。问题在于，人们明明只有"爱"这一行为，却认为彼此之间还有"爱"这种东西。

我们不可能"拥有"某些动作和过程，那些爱只是经历而已。因此，我们不能持有爱，爱只能被体验，这种体验是不断变化的。

既然爱是一种体验，就需要不断地努力。这种努力的目的是希望和对方建立良好的关系，因此这份努力让人感到开心，而不会让人觉得痛苦和疲惫。

如上所述，爱既是一个动作，也是一段过程，但不能被"拥有"。当爱被认为是某个人"拥有"的东西时，那这个人就不会努力去爱别人，也不会努力地被爱。

富有生命的时间

当人们不再努力的时候，两个人之间的时间就不再是"富有生命的时间"。

在拥挤的电车中，人们看似在相同的场所里共度相同的时间，但是实际上，大家都是陌生人，就不是在度过富有生命的时间。

与富有生命的时间相反的是死气沉沉的时间。在通勤的电车里，我们和坐在旁边的人并不认识。我们会透过车窗看外面的风景、看书或者看手机，表明自己和旁边的人没有任何关系。这种时候，我和坐在旁边的人的时间是分开流逝的。对于只想尽快到达目的地的人来说，漫长的通勤时间只会让人感到痛苦。

富有生命的时间是人们共享的，而不是用钟表来计算的。借用哲学家鹫田清一的话来说，与他人共同经历一段时间，两人之间才会产生联系。

如果是一个人单方面爱着对方，双方就不会自动地共享这段时间。倒不如反过来说，当我们感觉到两个人共同度过了生命中的一段时光，才代表爱正在产生。正如前面所说，爱是一种变化的过程。既然两个人能在一起，就应该让这段时间变成富有生命的时间，而不是通过吵架等方式让它变成死气沉沉的时间。

虽说富有生命的时间要在同一个场所和时间段内共享，但其实不在同一个场所也无妨。

我举过哲学家和辻哲郎的例子，他在留学期间每天都给妻子写信，虽然妻子收到信的那一刻和他写那封信的时间间隔了一个月，但在妻子读信的时候，两个人也在分享这段富有生命的时间。

"拥有"与"存在"

弗洛姆区分了人活着的两种基本存在方式，即"拥有"和"存在"。

我的母亲四十九岁时因心肌梗死去世了。我在照顾母亲的过程中，看着长时间躺在病床上失去意识的她，想了很多事，这些心事用弗洛姆的话来说就是：当一个人像母亲那样动弹不得的时候，他"拥有"的金钱和名誉是否就失去了意义呢？到了这种时候，他还会觉得活着有意义吗？

对于这个问题，我并没有立刻得到答案，但我认为弗洛姆所说的从"拥有"到"存在"的转变是解决问题的关键。

"如果我失去了我所拥有的东西，那我活着还有意义吗？"对于这个问题，他也给出了回答——我如果"存在"于世间，就不用担心失去现在"拥有"的东西。因为我的"存在"只是"存在"本身，并不是我"拥有"的东西。那些我"拥有"的东西会随着使用而减少，但是我的"存在"会随着实践而充盈。

弗洛姆说，《圣经》中燃烧不灭的荆棘就是爱的象征。有一次，摩西来到神之山，耶和华的使者出现在熊熊燃烧的荆棘中。火焰席卷着荆棘，但是荆棘却没有烧毁。

爱，是"存在"的典型表现。在神话故事中，燃烧的荆棘所代表的神之爱火是不会燃烧殆尽的；在现实中，人们为了不让爱燃尽，就需要增添新的燃料。所以，爱是需要努力焕新的。人类的爱虽然需要焕新，但它不是"拥有"而是"存在"，所以不会枯竭。

嫉妒是因为人们自认为"拥有"爱才产生的情绪。爱是"存在"并且不断变化的，无论你多喜欢对方，也无法控制对方的想法。

当然，也没人能保证自己的想法会永远不变。在感情中，就算你刚开始沉迷其中，随着时间流逝，想法也会在不知不觉中发生变化。正因为明白这一点，人们才会向对方承诺"我永远爱你"。

永远就是活在当下

当你爱上某个人的时候，一定会考虑这份爱到底能持续多久。可能是死亡将两个人分开，但也有可能在此之前因为其他原因分开。

即使现在关系很好的两个人，也会担心未来的发展。正是因为现在关系太好，所以才害怕未来会走下坡路。

我们当然是希望当下的幸福可以永远持续下去。但是，按照弗洛姆的说法，这些幸福的时间是不能"拥有"的，我们只能体验此时此刻。过去的已经过去，未来也还没有到来。时间不是被某个人"拥有"的，而是在"存在"的模式中经历的。

我们经常能见到两个相爱的人发誓要永远在一起，但这里说的"永远"，并不是把当下这个瞬间无限拉长。借用弗洛姆的话来表达，"永远"就是对于爱、快乐以及领悟真理的体验都不在时间之内，而在此时、此地。此时此地即永恒，即无时间性。

例如，跳舞的时候，跳舞本身就有意义，没有人是为了从舞蹈室的左边移动到右边才去跳舞的。跳舞的结果是你会移动到某个地方，但你不是为了去那个地方才跳舞的。如果你的目的是移动到那个地方，那你不用跳舞，只要走路就行了。

谈恋爱也可以类比成跳舞，人不可能一直跳舞，当音乐停止的时候舞蹈就该结束了。但是在跳舞的时候，我们并不会思考"这支舞蹈会持续到什么时候"的问题。亚里士多德把跳舞这类动作称为"现实性运动"。

与之相对的是"一般性运动"。这种运动有起点和终点，在到达终点之前，这件事是不完整的。

在进行这种"现实性运动"的过程中，每一个瞬间都是"已完成"。像跳舞一样，即使还没跳到最后一个动作，但每一个舞动的瞬间也都是完整的。

活着也是一种"现实性运动"。人们一般都认为出生是起点，死亡是终点，但我们是否只能这样看待人生呢？

如果问年轻人："你觉得自己现在处在人生的哪个阶段？"他们会回答说，"我离人生的转折点还有很长一段距离。"可是，谁也不能预知自己能活到几岁，说不定人生的转折点早就不知不觉地过去了。

这只是把人生理解为有明确的起点和终点的"一般性运动"时的看法。如果把活着理解为"现实性运动"，那么你现在处于哪个人生阶段就不是重要的问题了，因为每时每刻的你都拥有人生的不同意义。所以，在形容年轻的人意外去世等情况时，也不需要用"半途而陨"这种表达。

爱的经历也是"现实性运动"，它没有明确的开始和结束，爱的每一个阶段都是完整的。在没有时间限制的条件下，你正在经历的爱情可以持续多久，并不是重要的问题。

正在经历爱情的两个人抛开对时间的顾虑，珍视当下的这一刻，或许会对人生也会有不同的看法。

人总有一天会死亡。死亡是可以威胁到幸福的东西。死亡之所以可怕，是因为活着的人都没有体验过。但是，如果能和自己所爱的人一起活在此时此刻，死亡就不再让人害怕。

人这一辈子最终一定是自己一个人走向死亡。从这个意义上来说，死亡是绝对的孤独。森有正说，"如果死亡是绝对的孤独，那么始于生的孤独就是死的预兆。"但是，每个人在人生中体验到的各种爱可以与孤独抗争，爱是永恒的预兆，甚至可以说是永恒本身。

不成熟的爱情

世界上有许多贪财的人。对于这一点，弗洛姆这样说："只会一味地存钱，害怕失去任何一点儿小东西的人，无论拥有多少财富，从心理学的角度来说，都是一个穷人。"

弗洛姆指出，一旦贫困到一定程度，人就无法给予，也会失去给予的快乐。但实际上，即使在这种情况下，我们还是可以给予的，因为给予中最重要的部分不是物，而是人。

如果不给予物品，我们还能给予什么呢？弗洛姆这样回答："我会给予我自身、我的宝贵之物，甚至给予我的生命。"

这并不是说要牺牲生命，而是把自己最在乎的，最有生命力的东西给予别人。

弗洛姆解释道："将自己的喜悦、兴趣、思想、知识、幽默、悲伤等发生在自己身上的一切表现出来。就像这样，献出生命的过程也充实了另一个人，通过增强自己的生命力来增强他人的生命力。"

小孩子一出生就被父母的爱包围着，父母的爱是无条件的，所以，小孩子想要被爱，不需要做什么努力。这种爱是被动接受的。同时，这份爱也代表着对方很重视你的存在，这种重视是人们在幼儿时期获得自我价值的重要来源。父母都会给予孩子这样的重视。

当一个人可以接受自己的存在，就能积极地看待人生中的任何事情，遇到任何困难，如生病或者和父母的想法产生冲突，会认为这些也都不是问题。父母能够这样接受和尊重孩子，从这个意义上说，孩子也算是对父母做出了贡献。

随着孩子长大，他可能会产生一种新的想法：自己不仅可以被动地得到他人的爱，也可以通过做些事情来主动获取爱，比如送别人礼物或者写诗、画画。正如弗洛姆说："一个人从出生开始，对于爱的观念就逐渐从被爱转变为爱别人，即产生爱。"

弗洛姆还说："刚开始因为年纪小，我们想用生病获得他人的爱，也想通过变得优秀获得爱。进入青春期后，通过爱别人，我们逐渐在自己身上发现了爱的能力。"

小孩子的爱遵循"因为被爱，所以爱你"的原则；不成熟的爱是"因为我需要你，所以我爱你"；成熟的爱则相反，是"因为我爱你，所以需要你"。

很多成年人的爱情观都没有达到成熟的爱的阶段。"因为我需要你，所以我爱你"这是谁都会想到的事情，但很多人都没有想过"因为我爱你，所以需要你"这个道理。

成熟的爱人会觉得，爱一个人甚至根本没必要对他说"我需要你"。

不是付出与获得

阿德勒说："伴侣之间相互付出与获得才是最重要的。"但从下面这个角度考虑，付出与获得并不重要。

有的人说："我没有一直索取啊，我也有付出的。"如果他在说这句话的同时提出要求："我对你付出了这么多，你必须也给我同等的回应。"这样就不能说是恋爱，这只是一种交易而已。在恋爱中处处计较得失，这段感情就会变得很奇怪。

不仅是恋爱，所有的人际关系其实都不单单是付出与获得。亲子关系也是如此，如果父母对孩子说"我为你做了这么多，你必须报答我"，那孩子也会非常无奈。因为父母给予孩子的东西，孩子是不可能原原本本地报答的，就算是非常孝顺的人也做不到。当然，父母也不会对孩子抱有这样不实际的期待。在亲子关系中，想让付出和获得完全平衡是无法实现的。

如果想要回报那些从父母身上获得的东西，回报的对象也可以不是父母。对于想要婚育的人，选择结婚生子，就可以把父母曾经给予我们的爱，同样给予自己的孩子；对于不想结婚的人，也可以通过工作等方式回报社会。

如果把付出与获得视为人际关系的基础，那么就必须将得到的东西，以同样的形式还给他人。

有的人失恋之所以痛苦，是因为把恋爱看成一种付出与获得的关系。因为自己付出的爱得不到相应的爱，所以痛苦。当你知道对方并不像你爱他那样爱着你，你会选择放弃吗？答案是不言而喻的。不管对方如何看待自己，都能毫不在乎且毫无保留地去爱对方的人，是不存在这种失恋之痛的。

如果知道对方心里并没有你，你可以立刻从这段感情中抽身的话，就不会有失恋的烦恼，这时只要立马去找下一个对象就行。失恋的痛苦就来自分手后仍然不肯放弃、不甘心的情绪。

与他人相互支撑

人之所以会对他人产生感情，是因为人一直生活在与他人的人际关系中。人处于人与人之间，一个单独的人是无法成为真正的人的。

在一家三口的关系中，主要由母亲照顾孩子，父亲会帮助母亲；反过来，母亲也会帮助父亲，孩子也能支撑父母。父亲很晚才下班，回到家发现孩子已经睡着了，但是看到孩子安静的睡颜，身上的疲惫也会一扫而空，这时孩子就是父母的精神支柱。

恋爱关系中的两个人也是一样。恋爱中的自己已经不是独自一个人孤零零地活着，只是自顾自地生活是不行的。

但是掌握不好度又会形成依赖关系，我们必须在精神上独立。然而，我们不可能仅凭一己之力就使自己完美成熟，我们需要他人的帮助，我们也需要帮助他人。

在恋爱中，也并非每一个人都可以成为自己的支柱。

无可替代的你

上一节说到，不是任何人都能成为自己的支柱，真正的爱人是无可替代的。不只如此，每个人都是独一无二的，对对方来说，你也是无可替代的人。

如果有人说"你做的工作很容易就被别人替代了"，这对于一个为自己的工作感到自豪的人来说是无法接受的。尽管事实的确如此，就算没有自己，这个公司也不会瞬间无法运转。

职场中有能力的员工也是有能力的教育者，即使一份工作刚开始完全由自己完成，后续也可以培训新人来完成自己的工作。如果一个单位真的没有某个人就无法运转，也就是从侧面说明了公司没有培养新人才，那么这个人就没有发挥教育者的作用。

在恋爱关系中的两个人都认为对方是不能被替代的。失恋为什么会痛苦呢？因为在某一刻你明白了，对方就算没有你也可以，对方并没有把你当作唯一。

所以当自己被对方坚定地选择时，会感到开心和幸福，因为感受到了自己对对方来说是独一无二的存在。

"被坚定地选择"，这话听起来很让人心动，但是仔细想来其实有奇怪的地方。你因为对方的态度而感到快乐，但如果你的快乐只来源于对方的选择，那就变相地承认了自己是依赖对方而存在。我想说的是，就算不被对方认可，你也有自己的价值。

不被爱的孤独感

毫无疑问，知道自己被对方放在心上是一件令人高兴的事情，但是这里有两个问题。

第一个问题是，如果希望自己被对方放在心上，你就会期待对方爱自己，进而要求对方也像你爱他一样爱你。但是，对方爱不爱你是由对方决定的，你是无法控制的。

如果当你知道对方不爱你之后，你也不爱对方了，那么这段感情就只是交易，不能称为爱。正如前文所述，在恋爱中只有付出与获得这种交易式的社交行为是行不通的。

第二个问题是，当对方心中没有你时，你就觉得自己没有价值，代表着你默认了自己的价值是依赖于对方而存在。

你希望对方心里没有别人只有自己，希望自己在对方心里是最重要的，这样的想法没有问题，问题在于你是否把自己的价值和对方的看法百分之百地联系在一起。对方如何看待自己，并不会影响你自己本身的价值。

为了避免依赖关系

为了避免恋爱中的依赖关系，最重要的一点是要明白："我自己一个人也能活下去，两个人在一起的话，就能共同分享幸福与快乐。"如果双方都能这么想，就能建立起理想的恋爱关系，而不是单方面的依赖关系。就算对方不爱自己，自己的价值也不会就此消失；也不是因为对方爱自己，自己才存在于世间，对方的爱只是强化了自己的存在。

神谷美惠子是这样说的："活在爱里的人，不管对方实际上如何想，只要感觉到自己被对方强烈地需要着，就会感受到活着的意义。"

如果能感觉到自己的存在对别人有帮助，就会形成一种贡献感，让自己觉得自己是有价值的。

阿德勒说，"只有在觉得自己有价值的时候才会拥有勇气"，这种勇气指的是进入人际关系的勇气。为什么进入人际关系需要勇气呢？因为在人际关系中，对方不一定会接受自己的想法，没有勇气的人会因为害怕被拒绝，所以决定不再进入人际关系。

下定决心拒绝社交是需要理由的。因此，没有勇气的人会把"我觉得我没有价值"当作不去社交的理由。他们会这样说服自己：连自己都不喜欢自己，别人怎么会喜欢我呢？

恋爱关系也是一样。在恋爱关系中，有些人因为害怕关系不顺利会让自己感到不安和受伤，所以对自己说"我没有价值"，以此让自己正大光明地逃避亲密关系。

执着于获得对方认可的人，一旦知道对方不认可自己，就不想再为对方付出。为了获得对方的好感而努力的人，在得知对方对自己完全没有好感的时候，就会立刻翻脸走人。这样的人非常渴望被爱，在被对方明确地拒绝之前拼命努力地博得好感，也是为了被爱。

成熟的爱人不会要求对方的回报。就像神谷说的那样，一个人如果确信自己是对方生命中重要的一部分，即使得不到对方明面上的情感回应，也会认可自己的价值。

也可以说，当你真的爱一个人的时候，甚至都不必感觉被对方需要。

避免以自我为中心

我是否值得被爱？我在他人眼中是怎样的人？如果一个人总是被这些以自我为主体的问题所束缚，恋爱中就会出现很多问题。

刚出生的婴儿是在父母 24 小时不间断的看护中长大的。这时的父母一门心思都在孩子身上。当孩子长大一些后会认为自己就是世界的中心。虽然从父母的角度来看的确如此，但是事实却不是这样的，任何人都不是这个世界的中心。

那些被溺爱的孩子并不认为不劳而获有什么问题。但是随着自己长大，很多事情都可以自己做之后，父母就不再那样寸步不离地照顾自己了。当孩子意识到父母态度的转变后就会明白，父母的存在并不是为了满足自己的需要。

如果一个孩子想独立，就必须知道这个世界上不是只有自己存在，也有别人存在。也许你会说，这么寻常的事怎么会有人不知道呢？但很多人都没有把别人的存在和自己的存在放在同等高度上。

因为每个人都有同样的存在价值，所以不要把别人看成是自己的工具，他们不是为了满足我们的期待而活着。当他人的行为不符合我们的期待时，我们也没有理由生气。同理，我们的存在也不用迎合他人的期待。

那么，成长到什么阶段才能知道这个世界上还平等地存在着和自己一样的他人呢？

那就是开始去爱某个人的时候。

当一个人还没有意识到他人，或者说认为他人对自己来说不重要的时候，那么这个人无论想什么、做什么，其主语都是"我"，追求的幸福只是"我的幸福"。

但是，一旦开始爱上某个人，人就会从这种状态中挣脱出来，主语从"我"变成了"我们"。

懂得真正的爱的人，会觉得只有"我"一个人单独活着没有意义。有了自己爱的人，才能体会到活着的快乐。

所谓独立，并不是指一个人生活或者是自己的事情自己做，而是一种观念的改变。独立后，生活就不再是为了"我"，而是为了"我们"；不是为了达成"我的幸福"，而是为了达成"我们的幸福"。

两人之间的共鸣

把人生的主语变成"我们",需要解决很多问题。

两个人开始接近后就会互相依赖,也可能逐渐产生想要控制对方的心理。这种变化不仅会出现在恋爱关系中,也会出现在所有的人际关系。这种依赖感会给恋爱及其他人际关系带来很多问题。

理想的恋爱关系中,两个人既不会控制对方,也不会通过牺牲自我去迎合对方。我们既能够按照自己的想法独立地成长,也是彼此之间无可替代的存在。如此理想的状态通常难以达到,但并不意味着我们不能这样和人交往。

森有正这样写道:"里尔克的名字在我的内心深处引起了共鸣,让我明白了真正想要的是什么,我离那个想要的东西有多远。"他感受到的"共鸣"恰巧提示了我们,人际关系的本质不是支配或被支配的关系,而是两个人完全独立,却又能引起对方共鸣。

完全独立并不是说完全没有关系。如果理解成完全没有关系的话，两个人就成了萍水相逢，不会对对方产生任何影响。

两个同频的人，一定拥有能引起对方共鸣的特质。

我们已经知道了，人不能绝对地一个人活着，而是处在与他人的关系中。我们支撑着他人，同时也被他人支撑着活下去。我想用"相互依存"来表达这种关系，这与"依赖关系"不同。

在相互依存的状态下，每个人都是独立的，但我们也不能完全脱离别人存在于这个维度。我们需要他人的帮助，他人也需要我们来支撑。

这里不存在支配与被支配的关系。当自己身上拥有的东西与对方身上的东西产生共鸣时，就能体会到这种同频的信号。

这样一来，即使彼此相隔很远不能经常在一起，也能感觉到彼此之间的影响。

与德国作家露·莎乐美接触过的一些男性，都或多或少地受到她的影响。尼采和里尔克都曾从露·莎乐美那里得到灵感，著书写诗。

当一个人开始了一段新恋情，他喜欢读的书和听的歌也会随之改变，相信很多人都有过这样的经历。当你开始关注那个特殊的人，你的内心就会以与他共鸣的方式发生变化，这是一种自发的改变。

"共鸣"一词如果解释成"与他人在情感上产生联结"或许更容易理解。比如在读书的时候，你刚开始看觉得晦涩难懂，但是读了一段时间之后会突然与作家的文字产生一种隐形的联结，从那一瞬间开始，你就能理解作家的所思所想。这也是共鸣的一种形式。

阿德勒心理学的一个重要概念是"共同体感觉"。阿德勒将其定义为"用他人的眼睛看、用他人的耳朵听、用他人的心感受"。其中，"用他人的心去感受"就可以说是"共鸣"。当你感受到这种共鸣时，对方也会有同样的惺惺相惜之感。

如果一个人还没有为爱情和婚姻做好充分的准备，那可能是因为他没有获得这种共情的感觉。

只有在用心感受彼此的两个人之间才能产生共鸣。

爱是追求自由

在讲课的时候，我对学生们说："如果你能接受你喜欢的人和别人在一起，并且衷心地祝愿他们会幸福，那就是真正的爱。"可是大多时候都会听到学生们说"这是不可能的"。

阿德勒说："比起自己，更关心所爱之人的幸福，这一点很重要。"

有一首歌叫《把最后一支舞留给我》（ *Save the Last Dance for Me* ），歌词唱道："亲爱的，请你和喜欢的人一起跳舞，但是请将最后一支舞留给我。"没有自信的人，为了不让对方离开自己，总是想方设法地把对方留在身边，但必须明白的是，越是束缚对方，对方就离自己越远。就像森有正所说的那样："爱是追求自由，但自由必然加深其危机。"

人在没有被对方束缚而感到自由的时候，会强烈地感受到对方的爱。爱是自由的，但是偶尔也会产生顾虑，如果你给予对方太多自由，那么他的注意力就可能会转向别人，可能他会爱上别人而不是你。

但是，如果因为这样就束缚对方，那就和真正的爱背道而驰了。

只要是自由的人，就可能会把注意力转移到别人身上，不过未必会改变对你的爱。只有双方都给予对方自由的时候，才能成就真正的爱。这时，两个人之间就会发生共鸣。

只有勇敢的人，才能爱别人

阿德勒说，有勇气的人会成为真正的伴侣。他们不会害怕失去对方的爱，他们希望自己能让伴侣的生活更加丰富多彩。

阿德勒说，巩固爱情的唯一方法就是学习如何让伴侣的人生变得丰富和安逸。

这句话的重点在于，并不是通过伴侣让自己的人生变得丰富、安逸。如果只考虑"这个人能否让我的人生更加丰富，我能否从对方那里得到什么东西"，这就不能说是爱。

懂得爱的人，"比起自己，更关心爱人的幸福"。这就是前面提到的共鸣。

阿德勒说，交友也是为结婚做准备，因为通过建立友情，可以学习如何培养这种共鸣。

阿德勒还说，如果你经常想的是"我能为对方做些什么，我怎样做才能丰富对方的人生"，就没有必要害怕失去爱。懂得爱的人，一定希望对方能获得幸福。当然，这并不是说一定要牺牲自己。

阿德勒解释道："只有在'给予'的前提下，才能收获幸福的爱情和婚姻，这似乎是不变的法则。"

懂得爱的人不怕失去爱。有的人因为害怕失去爱，只说对方想听的话、做对方喜欢的事，其实这不是真正的爱。对方犯错的时候必须纠正，不要担心说了实话惹对方生气。如果无法做到这些，就都不是真正的爱。

爱是一种能力，也是一种勇气。如果你能了解上述的爱的本质，并且有勇气去实现它，那么一定会收获真正的爱和幸福。

第四章

掌握爱的技巧让你获得幸福

爱让人生丰富多彩

在最后一章里，让我们具体思考一下，怎样才能在恋爱中获得幸福。

在第一章和第二章中，我们思考了两个人的爱情为什么会陷入僵局，也想到了各种各样的问题。我们预想的是，只要把出现的问题反过来思考就可以了。

但是，当两个人的关系出现问题时，并不是说只要解决这个问题，关系就会变好。如果没有想清楚你们要建立什么样的关系，即使是解决了这个问题，很可能还会出现其他的问题。

因此，在第三章中，我们思考了爱的本质，思考它究竟是什么，思考在爱情中应该实现什么样的目标。最后得出的结论是，我们要让爱摆脱以自我为中心，通过向对方"给予"，从而建立起与对方共鸣的关系。

正如本书开头所述，爱的问题归根结底是能力问题，更是技巧问题。在本书的最后一章中，我们将以上述内容为基础，具体思考如何培养好两人的关系。

只要掌握了正确的方法和技巧，爱就一定能让人生变得丰富多彩，人们也能从爱的经历中获得幸福。

说出你的心意

首先，我们来思考一下恋爱关系是从哪里开始的。

有人曾来找我讨论表白的台词。他问我：“我想简单地只说‘我喜欢你’，你觉得怎么样？”我回答道，“如果是我听了这话，我可能只会说‘是吗？’，就没了。”

为什么只说一句“我喜欢你”没办法表白成功呢？表白就是要把自己的想法传达给对方，虽然这句话确实是对自己内心的叙述，但是没有表达任何你对对方的看法。所以，当你在表白时只说了“我喜欢你”，对方只能说“是吗？”。

有些人认为，即使不明确地表达自己的主张，对方也能理解自己的想法，所以才会这样简单地用一句话表白。

不仅仅是爱的告白，当你想要表达什么想法的时候，如果不直接说，很多人都无法明白。

例如，我们不能单纯地说"今天好热啊"，而是应该在话语中加入自己的主张，比如"太热了，请打开窗户""太热了，能不能把空调的温度再调低一点"等说法。如果对方是善解人意的人，可能就算你不说出主张也能马上理解你说热的意图，接着就打开了窗户或调低了空调的温度。但是，我们不能总是期待周围都是这样的人。

"肚子饿了"这句话也是同样的道理。虽然这句话包含着"能给我点儿吃的吗？"的意思，但如果不清楚地说出来，对方可能也是无法理解的。

如果你带着这些隐藏的意思，只说"肚子饿了"，对方可能会回应："是吗？我也饿了。"即便如此，你也不能责怪对方，如果有想要对方做的事情，就必须明确地说出来。

话是这样说，但是即使你说了"能帮我做点儿什么吗？"也可能会被对方拒绝，或许有人会冷冷地说：

"你自己做吧。"即便可能有这样的结局，勇敢地说出自己的主张这件事也值得去试试看。

说回刚才的话题，当我告诉那个要表白的人，只说"我喜欢你"是不行的之后，他又说："我明白了，那要是换成说'你能喜欢我吗？'这句怎么样？"

确实，这句比上一种表达要好一点儿，因为对方至少可以用"行"或"不行"来回答。

但是，这样问对方，对方可能也不会答应你的表白。他可能会回答"不行"，也可能会说"我讨厌你"。

不过就算被人说"讨厌"也不算太糟糕，因为"讨厌"也是建立在某种关系或心情上的。比起收到"我都不了解你"这样的回答，"我讨厌你"至少显得关系亲近一点儿。

如果对方说"我讨厌你"，你也可以问："那我怎样做你才能不讨厌我呢？"不只是告白，在其他关系中也是一样，如果表达得不清楚，就没办法改善那些原本可以通过说清楚而改善的部分。

　　在正式开始一段恋爱关系前，我们必须思考一下，一定要这样向对方告白吗？很多人都认为恋爱的开始少不了告白，但这并不是必需的。

　　即使不完全了解彼此以及不清楚彼此的心意，两个人也可能开始恋爱关系。其实很多情侣对彼此的看法也是在交往之后才知道的，一开始并不是很清楚。

　　很多人是因为志趣相投，在相处的过程中慢慢才成为朋友的。交友也好，恋爱也罢，在人际关系这一点上基本上没有太大区别。因此，我认为恋爱也是如此。

是否建立了平等的关系

　　前面说过，爱和尊重是无法强制的。姑且不论是否真的需要向对方告白，这种犹豫着如何告白的想法，恰恰说明了你并不认为对方爱自己是理所当然的，你在平等地看待对方。

不知道从什么时候开始，有些人会忘记自己的初衷，觉得被爱是理所当然的。即使因为吵架真的伤了对方的心，也不会有危机感。这样的人，与其说是他不怀疑对方的爱，不如说是他认定了对方的心意不可能改变。从这层意义上来说，他是在俯视对方。

阿德勒说："爱情和婚姻的问题，只有在完全平等的基础上才能圆满解决。"

阿德勒早在20世纪20年代就开始强调，在人际关系中每个人必须平等。

这似乎是人人都明白的道理，但实际上真正能做到与爱人之间建立平等关系的人少之又少。即使是嘴上说着"建立平等的关系"的人，很多时候也在无意识地抬高自己的地位，压低对方的地位，并不认为双方是真正平等的。

如果你在某天意识到自己没有与对方建立起平等的关系，那么你就可以改变这种不平等的关系。但如果你完全没有意识到自己与对方正处于不平等的地位，那么你就很难改变关系。

如果当前你和某个人的关系不融洽，那就必须回到是不是因为没有与他建立平等的关系这一点上进行思考。我确实想谈一谈关于爱的技巧，但前提条件是两个人都能平等地看待对方。

关心对方

让我们具体思考一下平等的关系是什么，怎样才能建立这样的关系。

首先就是要关心对方。阿德勒认为，每个伴侣都应该关心对方多于关心自己，这是爱情和婚姻成功的唯一基础。如果对对方更关心，那么两个人一定是平等的。

正如我在第一章中提到的，那些关系不顺利的人大都只关心自己而不关心对方。用第三章的表述来说，他们就是无法摆脱自我中心性的人。

"关心"在英语中是 interest，这个 interest 的词源是拉丁语的 inter esse（est 是 esse 的第三人称单数），表示"在……之间"。也就是说，"关心"是指对方与自己之间存在关联性。

有些人对世界上发生的事情毫不关心。例如，有些人完全不关心政治，认为政治对自己的人生毫无影响。他们不关心政治，是因为他们认为政治和自己之间没有任何关联。

人际关系也是如此，如果对方发生了什么事，你都认为这件事和自己没有任何关系，就说明你对对方毫不关心。对有些人来说，即使两个人的关系开始紧张，也不认为这和自己有什么关系。

有时，虽然你是在关心对方，但如果这种关心只是因为对你来说是有必要的，那这种"关心"归根结底只是对自己的关心而已。例如，当你因为"和这个人搞好关系会有好处"而关心对方时，那并不是真的关心对方，而是你对自己的关心罢了。这样的人只是把对方当成工具而已，一旦对方没有利用价值了，就会切断与他的关系。

不要过于计较得失

以自我为中心的人在恋爱关系中并不关心对方，只想着对方能为自己做什么，并且也意识不到对方并不是为了满足自己的期待而活着的事实。

但是，正如第三章所述，所谓爱对方，就是关心对方，思考自己能为对方做什么，并为对方做力所能及的事。

有的人会想，"我为你付出了那么多，所以你要给予我同样的付出。"如果这样要求，那两人之间就只是在交易，而不是爱。在恋爱中，总是对付出与得到的东西斤斤计较是很奇怪的事情。

保持对对方的关心

在恋爱过程中，我们对对方的关心不应该只是短期的，而是要一直保持下去。

有些人在刚恋爱时，从早上睁眼到晚上睡着前都会想着喜欢的人，但一旦确定对方是爱自己的，对对方的热情反而会迅速冷却。这样的人，只是想征服对方、拥有对方而已。换个角度来看，对对方保持关心是维持爱情的基本要求。

确实，在一起时间长了，两个人就可能会变得不像刚开始那样关心对方了。但是，即使对对方的关心不再像刚开始交往时那样强烈，也可以通过持续的、一点一滴的关心来维护两个人之间的爱。

前面提到的，不想承认自己对对方有征服欲的人和不想承认自己瞧不起对方的人，就是不想承认自己自私的本质。这类人一点儿也不考虑对方的感受，所以会通过一整天都想着对方等行为欺骗自己，假装自己对对方是全心全意的。

对方超出了自己的理解范围

自认为自己完全理解对方的想法，也是很多人不关心对方的原因之一。

前面说过，爱一个人的时候，必须要有"共鸣"。没有同理心，只会从自己的角度来看待对方的人，是无法真正理解对方的。有人会自信地认为自己已经站在正确的角度看待对方了，他们常常会以"按照常识来说，对方应该是这样想的吧"来解释对方的言行，就认为自己已经理解了。但是，这只是你自认为的一套标准，你仍然没有理解对方。

"理解"在法语中是 comprendre，这个词还有一个意思是"包含"。理解对方的时候，要把对方包含在自己理解的框架内。但是事实往往相反，对方可能总是会超出我们的理解范围。我们不会因为单方面热烈地爱对方，就完全理解对方。

因为孩子的问题来向我咨询的父母大多会说："作为父母的我最了解孩子。"但是，每次听到父母这样的发言，我都会想，如果父母真的理解孩子的话，孩子应该就不会产生问题了吧。

如果和你交往的人对你说"你的任何事我都知道"，你会高兴吗？也许有人会觉得很高兴吧，但是大多数人应该会回答"不可能"。

其实，问题不是不能理解对方，而是以为自己理解对方，实际上并没有。更大的问题在于，我们并没有真正地相互理解，却不去关注这个事实。

人们难以做到真正的感同身受

其实，在知道自己可能会不理解对方的前提下交往，比在自以为能够理解对方的情况下交往更安全。完全做到感同身受本来就是不可能的，但并不意味着完全无法理解对方。

如果认为自己能够理解对方，就会根据自己的主观判断去理解对方，想着"这个人应该和我的想法一样""一般来说，他应该是这样想的"。

确实，在想要理解对方的时候，我们总是会从自己的角度去理解对方的言行。不管对方是怎么想的，实际上我们也只能按自己想的这么做，但是自己和对方本就是不一样的，因而这样做是完全错误的。

人不可能什么都理解。以此为前提，阿德勒认为"用他人的眼睛看、用他人的耳朵听、用他人的心感受"的这种"共鸣"非常重要。阿德勒也提出过"设身处地为对方着想"的说法。

即使交往了很长时间的两个人，有时也会觉得不太理解对方，也不知道对方是怎么理解自己说的话的。

所以，当你不知道对方的想法时，最好直接问："你的话想表达什么意思？"；当你不知道对方是怎么理解你的说法时，也可以直接问："对于刚刚我说的话，你是怎么想的？"

我在课堂上讲了这个故事，有学生觉得很麻烦，这么想也没错。但是，如果不努力去了解对方，就会常常出现自以为理解了其实不理解对方的情况，久而久之，关系就会陷入危机。只要努力去理解对方，关系就一定会变好，所以不要觉得麻烦。

想法不同的时候

即使我们理解了对方的想法，还是有可能出现无法接受对方想法的情况。同理，有时对方也会不理解我们的想法，即使理解了可能也会反对。这样一来，人们就无法保持冷静，变得情绪化。

阿德勒说："如果男性或女性在结婚后都想要征服对方，结果将是致命的。"

这种情况不仅限于结婚之后。即使一开始并没有想要征服对方，在交往的过程中，也会发现对方有自己无法接受的价值观。

在这种情况下，可能就会有一方或者双方因为感情用事或想让对方认同自己的想法而发生争吵。

"如果男性或女性都想征服对方"，我觉得阿德勒的这个表述很有趣。因为女性是恋爱关系中的征服者的这种情况并不少见。

那么，像这样试图征服对方的人，是如何征服对方，让对方接受自己的想法的呢？

首先，让我们来分析一下那些想用愤怒来支配别人的人。

试图用愤怒来支配别人的人，认为只要把愤怒发泄到对方身上，就能让对方接受自己的想法。但是，如果是为了说服别人，其实并不需要向对方发火，只要用语言请求对方就可以了。虽然平静地提出要求，并不知道对方是否会接受，但因为这样就向对方发火也未必就能达到目的。即使对方接受了，也不是心情愉快地接受，而是因为害怕，或者是为了逃避才同意的。

有时使用语言表达自己的想法的确有些麻烦，但如果为了追求解决问题的效率而使用愤怒的情绪，那么"副作用"也会很大。

接下来，我们来分析一下想要通过自己的悲惨来支配别人的人。

阿德勒说："对于悲伤的人来说，被抬上道德制高点的感觉是通过周围人的态度得到的。我们知道，悲伤的人，通过他人的服务、同情、支持、给予或搭话等，心情就会变得好起来。他们通过哭泣、哀叹等情绪爆发的方式来攻击周围的人，悲伤的人会变成告发者、法官、批判者，感觉自己比周围的人都有理。他们身上这种要求、恳求的特征非常明显。"

面对一个悲伤的人，周围的人都无法做到对他置之不理。就像这样，当悲伤的人感受到周围的人都会为自己"服务"，他就会因为悲伤而产生优越感。

愤怒是一种迫使人与人分开的感情，而悲伤是一种让周围的人无法置之不理的感情，从这个意义上看，悲伤可以说是一种将人与人联系在一起的感情。但是，悲伤的人一直在"接受"而并没有付出，所以他们与他人的联系只是单方面的。建立真正的联系，不仅是接受对方的好，自己也要给予对方。

阿德勒认为，像这样通过哭泣和倾诉来支配、征服对方的行为，就是"用眼泪和不公搅乱了合作的可能"。

在恋爱关系中发生了不开心的事情时，这样的人会用愤怒或悲伤的感情让对方按照自己的想法去行动，而不是用合作解决问题。

两个人之间不可能不发生矛盾。即使是很相爱的两个人，在长期的婚姻生活中也会出现一些问题和矛盾。两个人的想法不可能在所有事情上都一致。

重要的不是不产生分歧，而是当想法不同时，两个人如何应对。双方如果知道如何处理，即使关系暂时紧张也很容易修复，而不会持续恶化。

当发现彼此的想法不同的时候，不要感情用事，也不要强行压制异议，而是要沟通，坚持不懈地和对方交流。

在孩子出生后，夫妻双方也会因为育儿问题出现意见不一致的情况。这种时候，我们应该想着如何通过对话来调整想法的差异，而不是强行压制对方。作为家长，更不要把自己的想法强加给孩子，而是要教孩子如何通过沟通解决问题。这样言传身教，孩子们就能学会通过沟通解决问题了。

沟通的技巧

那么，具体应该如何进行沟通呢？

假设你的伴侣突然说："我想辞掉现在的工作。"在这种情况下，你不能简单地说"随便吧，都依你"。你可能想改变对方的想法，但如果沟通的方法不对，就会对两个人的关系产生很大的影响。

要不要做这份工作本来是由本人决定的，除了本人以外没有人能替他决定。但是，如果辞职的话，对于有家庭的人而言，家人确实会受到经济上的影响；对于正在交往的两个人而言，这件事可能会给两个人的未来蒙上阴影。

因此，对于对方想辞职这件事，你可以发表自己的意见，但此时不要说"绝对不能辞职"这种话，这一点很重要。如果一开始就把所有的话都说死了，对方肯定会很生气，那就没法谈下去了。

在进行这样的对话时，我们必须明白"理解"对方的想法和"赞成"对方的想法完全是两码事。也许你不赞成，但首先要理解对方的想法，再退一步说，你至少要表现出想要理解对方的姿态。

当一个人在做类似辞职这种重大决定的时候，可能会有点儿犹豫。如果把犹豫的想法告诉了别人，这可能是在给对方提出意见的机会，更有可能是希望对方阻止自己。尽管如此，如果一开始就阻止对方，只会变成一场僵局。

因此，首先，必须知道什么话能说，什么话不能说。能说的，比如提出建议，最好只提"现在辞职会有什么困扰""为了避免麻烦必须做什么"等。提了这些建议，对方也许就会觉得辞职不现实，进而打消辞职的念头。但不试着提出这些建议，对方可能是不会考虑这些结果的。说起来，辞掉工作确实会让人感到很困扰，但是对方可能已经在考虑辞职后的事情了。如果对方确实对现在的工作感到疲惫不堪，即使我们一开始提出反对，在后续的讨论过程中他也有可能更加坚定了辞职的决心。

其次，不要对对方的工作方式评头论足。即使想说"与其辞职，你不如更加努力地工作"，这种话也不要轻易说出口。因为如果对方的工作方式确实有问题，并且被你说中了，对方会感觉受到了更多批评，那么辞职的决心就更加坚定了。

最后，谈话时绝不责怪对方，这一点很重要。要先努力倾听对方的发言，理解对方的想法。如前文所述，理解和赞成是两回事，毕竟理解但不赞成的情况也是存在的。重要的是，要有好好倾听的态度，要让对方觉得自己在努力理解。当你确信一个人绝对不会中途打断你倾诉，也不会批判你时，你就会更想和他讲出自己的想法。

如果你一开始就对对方采取不理解、不倾听的态度，即使对方打消了辞职的念头，经济上也没出现问题，但是两人今后的关系很可能就会恶化。

人活着并不是为了工作，更进一步说，是为了幸福地活着才去工作。从这个意义上来说，确实存在现实方面的问题，但如果对方做了不喜欢的工作，就会感到不幸福，进而两个人的生活也不会感到幸福。如果这样还苦苦坚持工作，那就得不偿失了。

沟通不只是谈一次，多谈几次都可以。因为人不会轻易改变想法，即使通过谈话知道自己的想法是错的，有时也不愿意承认错误。

如果谈了一次但没能得出结论，就可以说"今天没得出结论，我们下次再继续谈吧"，从而把时间拖到下次。重要的是，两个人愿意为了解决问题而合作。无论以什么样的形式合作，只要有了合作解决问题的经历，那对今后两个人的人生来说，都会成为宝贵的经验。

退出权力斗争

当彼此意见相左时，有的人会觉得"我没有错"，然后就去批判对方的想法，试图让对方承认自己是正确的，这就是恋爱关系中的权力之争。即使没有感情用事，如果一味地主张自己是正确的，同样也是权力之争。

两个人的想法发生分歧，那就是两个人的问题，所以必须两个人合作解决问题。如果因为争吵而导致关系恶化，首先要做的就是修复两个人的关系，如果关系不好，更别提合作解决问题了。比起争论谁对谁错，解决问题才是最重要的。如果执着于证明谁对谁错，只会妨碍两个人解决问题。

当一方在权力斗争中获胜，对方可能就会开始报复。那样的话，解决问题就变得愈发困难了，所以我们必须避免在恋爱中进行权力斗争。

吵架是在和对方撒娇

有些人的关系似乎是通过吵架越变越好，但其实不然。前面提到过，阿德勒说"愤怒是一种让人与人之间分离的感情"，人都会以一种愤怒的情绪来吵架，所以吵架必然会让两个人之间的距离越来越远。

想要搞好关系，完全没有必要吵架。有一次在电车里，我听见一对情侣说了这样的话，男生说："刚交往的时候，你还挺乖巧的，可现在的你完全变了。"

女生回应道："我很任性，我对此是有自知之明的，所以没关系的。"

女生任性的结果是好是坏，应该是由男生来评判的，虽然女生知道自己很任性，但她并没有意识到这件事会破坏两人的关系，所以也没有想改变的态度。

的确，我不认为一直像刚谈恋爱时那样装出一副乖巧的样子是好的，但在关系更亲密之后态度发生完全相反的变化，我觉得这样也不太好。她一定是随着和男朋友的关系越来越亲密，说话就变得肆无忌惮，也会无理取闹，和男朋友闹别扭、发脾气吧。

但遗憾的是，没有谁能保证男生会一直包容女生这种任性的态度。一开始，他可能会觉得她任性的样子很可爱，见着这种可爱的样子也会很高兴。但如果女生认为她的任性是理所当然的，那么男生迟早会产生反感。

这样一来，可能就会激化矛盾，甚至在吵架的时候动手。即使没有动手，向对方发泄愤怒时所说的语言也是一种暴力。

的确，无论吵多少架，如果掌握了和好的技巧，就能在吵架后即刻修复关系。但我们不能保证这种好的感情状态会一直持续下去。

如果越吵架关系就越好，那么这样的吵架就只是一种撒娇的方式。但如果像这样持续不断地"撒娇"的话，也许有一天关系真的会走向结束。

为什么会生气

即使没到吵架的地步，在生活中屡次发脾气，也会和对方的关系变得疏远。

曾有人向我咨询这样一个问题："我经常会不自觉地生气，和对方的关系也不好。怎么做才能控制住自己的脾气呢？"对于这样的人，我会解释他并不是忍不住生气，而是想要达到某种目的，才表达出愤怒的情绪。知道了自己的目的就会明白，其实有些事本不用生气。

就像我以前说过的那样，生气的人因为想要强制让对方做某些事，所以才通过发脾气来达到自己的目的。也就是说，让对方做些什么才是发怒的目的，并将发怒作为实现目的的手段。这样的人认为，只要发怒，对方就会听话，但即使真的成功地让对方听话了，对方也不是真心实意地接受的。

如果因为对方的言行而感到受伤又生气，就要告诉对方"你刚才的话伤害了我"。要注意的是，我们只是为了告诉对方这一点，没有必要带着愤怒的情绪。

无法坦诚相待时

我曾经和一个不愿意与对方坦诚相待的人交谈过，他问道："我们经常因为我无法坦诚而吵架，这该怎么做才好呢？"

说这种话的人，看似是想解决问题，实际上却已经下定决心不与对方坦诚相待了。为什么会下这样的决心呢？那是因为他觉得自己一旦妥协就输了。

他认为自己有错，却不能坦诚道歉，这种情况下如果道歉就等于自己输了。但是事实上，输了又有什么关系呢？

前面也说过，多好的感情都经不住吵架。吵架的时候，爱已经消失了。培养一段感情需要很长时间，但是破坏感情往往只是一瞬间的事。

话说回来，也不是吵过一次架，关系就不能修复了。在事情变得无可挽回之前，只要你觉得有必要，就应该坦诚地道歉。

吵架的两个人，除了吵架以外，可能不知道通过什么方法来确认两人之间的关系。

在我儿子五岁的时候，有一天，我因为一件事对妻子大喊了一声。这时，我儿子在旁边说："爸爸你这么做，妈妈还会喜欢爸爸吗？如果妈妈不喜欢爸爸了怎么办？"

听了这句话，我们的吵架就到此结束了。能和爱人在一起，就已经是一件值得庆幸的事了。如果平时很难待在一起的话，那就更不该在见面的时候吵架了。

沉默不能传达任何感情

一方面，有的人会用过于激烈的情绪把自己的想法强加给别人，另一方面，也有人因为害怕这样的争执，就算有话想说也难以说出口。有时，两个人虽然想法不同，但只要都不明确地主张自己的想法，就能在表面上保持良好的关系。这种表面上的良好关系可能会因为某些事情点燃导火索而破裂。

这样的人并没有努力地解决两个人之间的问题，他们认为自己的感受和想法即使不说出来，对方也应该能理解。但当这些信息没有被对方领悟到时，他们就会愤怒。

人类是没有心灵感应的。从长远来看，这样懈怠沟通只会导致关系恶化。

无论这件事多么困难，或在外人看来是多么清楚，如果你什么都不说，别人也不会帮助你。因此，如果是自己能做到的事情，可以不请求别人的帮助，如果是自己无法做到的事情，就要学会说出来向别人求助。

当别人帮助你的时候，你要清楚，这只是对方的善意而不是义务，不应该因为别人不帮助你而生气。

也有人因为害怕给别人添麻烦而不去求助。但是，如果自己一个人失败了，反而会变成更麻烦的事。

以上道理也适用于恋爱关系。即使彼此相爱，但如果什么都不说，就什么也传达不出来，彼此也无法感受到爱。在交往之前，你更应该把自己的想法用语言表达出来。当你想要向对方表达好感时，不要想着采用迂回战术，而应该"打直球"。

什么是良好的沟通

至此，我们明白了爱是流动的，为了不让爱的流动枯竭，应该怎么做呢？重要的是建立平等的关系。为了建立平等的关系，关心对方是必要的。在此基础上，我还讲了和对方意见冲突时应该怎么做。

如果在日常生活中不能和对方进行良好的交流，就无法建立良好的关系。要说人在什么时候会感到喜欢一个人、爱一个人，就是在彼此能够良好沟通的时候。还要明白，并不是两个人之间有爱就能进行良好的沟通。如果不能很好地沟通，甚至发生争吵，那就说明在那一瞬间，两个人之间的爱已经消失了。

但是，所谓良好的沟通，并不是说你要能把话说得很好，而是在这个人面前，你可以表现出真正的、并不那么完美的自己。

当你觉得一定要向对方展现自己最好的一面时，沟通就会变得很困难。通常和他人交谈时，如果不想让对方对自己感兴趣，那么说出来的话可能是无聊的，甚至不说话。有的人则会刻意地选择话题，努力让自己看起来完美，但这种努力无法长久。

另外，很多人总是在不断地与他人竞争，并认为必须在竞争中获胜。因此，他为了在竞争中获胜，就必须证明自己在某种意义上是优秀的，也就是在别人面前逞强，让自己看起来更强大。但是，当这样的人遇到了一个可以让自己不再逞强的人，也许他就会喜欢上这个让自己感到轻松的人。

保持心情愉快

有的人总是情绪稳定、心情很好，我们和这样的人在一起会很开心，在这样的人面前不用逼着自己展现出最完美的一面。

相反，有些人在外人面前心情很好，待人也很亲切，但在亲近的人面前就会变得不高兴。这样的人在外面是一副笑眯眯的样子，回到家后对家人却是颐指气使的态度。这属于一种撒娇。

如果能在外人面前表现得开开心心的，那在亲近的人面前也应该如此。和愤怒一样，心情不是无法控制的。人会根据当时的情况，决定自己的心情是高兴还是不高兴。人之所以学会了根据情况改变态度，是因为当他不高兴的时候，周围的人都会小心翼翼地对待他。他从小就学会了只要他不高兴，就可以用愤怒的情绪支配周围的人。所以成年后，他也认为自己可以通过同样的方法来支配别人。

和伴侣在一起时感到不高兴的人，要学着不过分依赖对方。如果在工作中，你与他人见面时表现得很好，那么对伴侣也应该表现得很好。心情不好的时候，就当作是工作上又要见一个重要客户，以这样的态度去对待伴侣就好了。

相反，当自己的伴侣不高兴的时候，要能让伴侣在我们面前保持最自然的样子。这样一来，他就不会那么不开心了。

有自信的人不会嫉妒别人

刚在一起的时候两个人总是很开心的，但在不知不觉间，氛围就变得不那么热烈，最后吵架就成了家常便饭。产生这种现象的原因之一就是嫉妒。嫉妒的问题出在哪里，我在前面已经讨论过了。想要不嫉妒，直截了当地说，就是要有自信。即使出现自己爱的人对别人有好感，或者别人对自己爱的人有好感的情况，自信的人也不会动摇。

所谓自信，用三木清的话来说就是"理解自己的个性"。三木清还说："越是有个性的人，越不容易产生嫉妒。"

我就是我，用不着和别人比较。

前面也提到过，失恋之所以痛苦，是因为这让人意识到了，原来对方的生活没有自己也可以过得很好。如果知道对方爱的是自己独一无二的个性，就不会嫉妒，就会非常自信地对待对方，也相信对方不会喜欢上别人。

害怕有朝一日自己不再被爱的人，只要发现对方有一点点可能离开自己的征兆，就会采取强硬的态度责备对方。可越是这样暴躁，对方就会越想离开。如果不希望对方离开自己，就不应该嫉妒。因此，拥有自信是很重要的。没有自信的人常常认为，一旦对方离开自己，自己就很难再得到爱了。

要想拥有自信，首先要大方地承认自己的个性，并且接受自己的个性。

专注和眼前的人交往

即使我们以自信的态度和对方交往，也无法控制对方的注意力可能还是会转向其他人。

如果发生了这样的事情，就需要好好考虑一下了。如果你执意要继续这段关系，就不要在意对方已经将注意力转向了其他人。对方是否选择你，这件事并不是你能决定的。

如果伴侣有意离开你，在这种情况下，你能参与的只有你和伴侣的关系。即使你和对方移情别恋的那个人去交涉，也无法改变他们俩的关系。关于这一点，很遗憾，你的确无能为力。

又或者，你责备对方变心，试着威胁说"你只能喜欢我"，但爱是无法强迫的。即使证明了自己是正确的，对方变心是错误的，对方也还是会离开你，难以继续维持关系。

如果决定好好在一起，最重要的就是努力改善和眼前这个人的关系。如果你们在一起的时候能感觉轻松自在，那这段关系就能维持下去。

但请记住，对方是否选择自己，是由对方决定的，所以你只需尽力做好自己能做的事，珍惜在一起的每一段时光。

保持专注

不管有没有竞争对手，不管是虚拟还是现实，要想改善两人的关系，用弗洛姆的话来说就是要有"专注力"。他解释为，"专注，就是全身心地活在当下"。

弗洛姆说："毋庸置疑，最需要保持专注的是彼此相爱的人。"明明有伴侣，却去关注别人的人，就是没有专注力。

独处时也需要这种专注力。

弗洛姆认为，"如果一个人具备专注的能力，就意味着他能够独处，而学会独处，是学会爱的必要条件之一"。

如果一个人无法忍受独处，和爱人分开时会感到不安，他们之间就是依赖关系，而不是彼此独立的爱的关系。不可否认，确实有人就是无法独处。弗洛姆也说过自己独处的时候会感到坐立不安。

其实一个人也是可以过得很好的，只有这样才能更好地享受两个人在一起的时光。独处时也能集中注意力的人，在两个人相处时，也能像独处时一样专注于当下。

活在当下

在我的学生时代，有一件事让我很吃惊，那就是我曾看见一对情侣走进咖啡店，一坐下就开始各自看漫画。换成现在更常见的情况，就像两个人一坐下就开始各自玩手机。

村上春树在《村上广播》中讲过这样一个故事，

有一个叫阿尔玛·柯冈的英国流行歌手，这个人唱了《他无法抗拒她的袖珍晶体管收音机》这首歌，在日本也很火。歌词的内容是："他每天晚上都来看我，是为了用我的袖珍晶体管收音机听热门排行榜上的歌曲。"最后，两人结了婚，歌词就变成了"上了年纪也要一起听音乐"。

说到袖珍晶体管收音机，可能很多年轻人都不太了解。袖珍晶体管收音机说的是，在当时一般都是固定的大型收音机的时代，出现了一种可以携带到任何地方的袖珍收音机。这首歌的歌词说"他来见面是为了听音乐"，不过这里的"他"当然不是只为了听音乐，更是为了享受二人世界。

刚开始交往的情侣，就算是不说话，只安安静静地待在一起，两个人也都是很开心的。

情侣们如果能常常保持最初见面相处时的喜悦，就能永远在一起。

那么，为了永远在一起，到底应该与恋人怎样交流呢？

其实聊什么都可以，但也有需要回避的话题。例如，如果不是特别的必要，最好不要讨论对方的前任。有些人喜欢讲前任的故事，但如果你不想听，就应该明确地告诉对方不要谈论这个话题。

如果要聊的话，就说说关于两个人现在的事吧。这和刚才提到的专注力有关，重要的是珍惜当下在一起的彼此。好不容易当下能在一起相处，如果谈论的都是已经过去的事，那就太浪费时光了。同理，未来太过遥远的事情也可以暂时不谈。

长久地相处下去不是目标，而是结果。如果两个人都能活在当下，那么两个人的关系就能顺利发展下去。

如果是刚开始交往的两个人，认识的时间不长，可能还没有太多的共同回忆。但为了拉近两个人的关系，而总是说自己的过去，这并不是上策。

对于总是执着于过去的人来说，这或许让你有些难以置信，但是为了改善关系，只有暂时不去想过去的事，才能更好地专注于当下。

虽然我总说要活在当下，但并不意味着就让两个人的美好回忆从指缝间一个接一个地流走。

事实上，如果你能够专注于每一个当下，那你就更能铭记两个人在一起说的每一句话。之所以能够做到这一点，是因为你们共同度过的时间是"富有生命的时间"，这是最快乐的时光。

有时人们会因为伴侣生病或受伤而无法正常地生活。但即使哪里也去不了，只要能在一起，两个人就会感到幸福。

当然，我们都不想生病，也没有必要特意去担心生病等情况。但这种时候往往会让我们意识到两个人走到一起并不是件容易的事，两个人的感情就会变得更好。

如何维持异地恋

对于互相珍视的情侣，他们之间的感情正在茁壮成长着，但有时也会变得不顺利，就比如异地恋的情况。

异地恋并不是想见面就能随时见面的，也正因为如此，见面的时候应该会感到很开心。但是意外的是，很多人问我如何才能让异地恋顺利地进行下去。

刚开始与恋人分隔两地的时候，再忙也要打电话、发短信，即使见不到面，也在努力建立和天天见面的情侣那样亲密的关系。虽说两个人都努力地想要见面，但工作一忙，见面的时间就会变得和最初计划的不同。

刚开始，不经常见面也没关系，也许是因为相信两个人的感情基础，但是过段时间，其中一方或者双方，都会开始对迟迟见不到面感到不满。

这样一来，即使见面了，两个人也不会因为久别重逢而感到高兴，而是想着未来的事情，比如什么时候才能住在一起。虽然这样的想法很强烈，但在现实中却很难下定决心同居或结婚，尤其是需要其中一方通过辞职来妥协。就这样，两个人的感情渐渐产生了缝隙。

虽然是因为异地关系才不顺利，但从某种意义上看，对两个人来说却是好事。因为当两个人真的不用分开生活的时候关系再不顺利，就知道根本原因其实不是什么异地。

不可否认，异地恋确实是很难。因为不能像普通的情侣一样，想见面的时候随时见面。如果异地恋的两个人关系出现问题，原因其实并不在于异地，他们只是把"远距离"作为关系不顺利的借口。

不管是不是异地恋，能见面的时候就专心享受当下，不要去想下次什么时候再见面，这一点很重要。沉浸在重逢幸福中的两个人，就算不强求，也自然会下一次相见。

相反的，在重逢后并没感觉到很幸福的情侣，如果分别时没来得及约定下次见面的话，就未必会再见面了。所以，为了下次还能相见，就需要两个人约好时间。但是这样刻意约时间的情侣，大概也无法维持关系到下次相见吧。

不仅仅是恋爱，任何的人际关系都需要两个人拥有共同的目标。也许在学生时代可以暂时不考虑，但毕业后，可能一个人要留在现在的地方工作，另一个人要去其他城市工作，这种时候就必须决定今后该怎么办。

在商量这些事情的时候，两个人之间可能会产生一些分歧，但是两个人通过合作解决了问题之后，只会加强彼此间的感情，这种过程中的摩擦并不会真的破坏感情。

人生若只如初见

交往时间一长，两个人说话就会变得口无遮拦，对待对方的态度可能就不像从前那样重视了。

为了不忘记刚在一起时的心情，绝对不能放任自己对对方不礼貌。试着把每次见面都当成第一次和这个人见面吧，把所有的精力集中到现在。虽然前一天对方说了讨厌的话，但今天未必还会说。就像第一次见到对方一样度过每一天吧。

人是不断变化的，眼前的人不可能是和昨天完全一样的人。如果你认为昨天的他和今天的他没有什么不同，那么之后可能即使对方发生了变化，你也不会发现。即使对方可能没有注意到他自己的变化，但是你认真观察了，你就会发现不同之处。

如果每次相见都能当作是第一次和这个人见面的话，两个人度过的时间就会变成"富有生命的时间"，是有意义的时间。今天不是昨天的重复，明天也不是今天的延续。

也许有人觉得完全做到是不可能的，但为了改善关系，还是愿意做一些努力的。爱是流动的，努力地让两个人的爱不断更新，是一件令人开心的事。

回到还不是"孩子他爸和孩子他妈"的时候

前面说要把每次见面都当成和对方第一次相见，但是有人会觉得，有了孩子后就很难维持最初的心情吧。

孩子出生后，夫妻二人会互相称呼"孩子他爸""孩子他妈"。这意味着彼此是以孩子为中心来看待对方。在这种称呼下，的确很难把每次相见都当成是第一次和这个人见面。

要想找回刚认识时的那种感觉，首先要停止互相称呼"孩子他爸""孩子他妈"，要像孩子出生前那样称呼对方。

其次，可以让别人代为照看孩子一段时间，试着拥有二人世界的时间。在这期间，避开关于孩子的话题，也不要在逛商场时说"那件衣服很适合孩子"，这样做就不是真正意义上的二人世界了，这一点也很重要。

这样一来，两个人就能回到结婚前或者刚结婚时候的状态。我在前面说过，结婚不是办一场活动，而是一种生活。但有时候，享受一场活动却会成为这种无聊的婚姻生活的突破口。

如果想要改善关系，最重要的是放下过去。我的父亲在晚年因为罹患阿尔茨海默病，连刚说过的话和做过的事都忘记了。有一天，父亲对我说"忘记了也是没办法的事啊，如果可以的话，我想从头再来"。过去我和父亲有过很多争执，我都记得很清楚。之所以永远不会忘记这些事，是因为我不想改善关系。所以，我从父亲那里学到了改善关系的诀窍，那就是放下过去。

　　两个人交往时间长又结了婚，关系当然会发生变化。但当两个人之间出现问题时，不要一直盯着那个问题点，不如下定决心从头再来，这样就能改善关系。

不要忘记惊喜

　　想要改善关系，我们就需要感受到惊喜。前面说过，恋爱是从感到惊喜开始的，不要忘记这种惊喜的感觉，但在一起生活久了，这种惊喜的感觉难免会消失。

　　在一起时间久了，两个人会越来越有默契，有些事即使不明说，彼此也能明白对方在想什么。从这个角度来说，我并不认为缺乏惊喜是坏事。如果你什么都不说，也能把自己的感受和想法完全准确地传达给对方，那么这段关系就是美好的。

但实际上，这是不可能实现的。正因为如此，一方认真地用语言表达，另一方不随意揣测对方的内心，才显得尤为重要。在刚开始交往的时候，我们知道对方与自己是完全不同的人，并且还想和对方拉近关系，所以在了解对方的过程中总会发现很多让彼此惊讶的事情。

反过来说，如果在相处中不再感到惊讶，就意味着你觉得自己和对方是一样的，你不再努力去了解对方，也不再努力去改善关系。

但是没有惊喜的话，两个人在一起也会觉得无趣。当我们分外在意对方的言行举止，既努力又慎重地在脑子里想着该怎么和对方说话，了解到自己与对方对于同一件事情的看法不同时，都会感到惊讶。努力找回刚认识的时候的感觉，这样一来无论在一起多少年，都能维持当时的新鲜感。

摘下面具

为了找回刚认识时的那种惊喜，双方都需要摘下面具。"面具"在拉丁语中是"persona"，英语中的"person（人）"也是源于这个词。这样其实就可以理解为，每个人都会戴着面具生活。

摘下这个面具需要很大的勇气。如果你想活在某个角色里，那么你对这个角色的职责就要了解得很清楚。但当你不想活在这个角色里，想摘掉面具以本来的身份活下去时，你就会立刻变得不知所措。

记得曾经照顾过我父亲的上门护士说过："只要我穿上这身白衣，即使被不讲理的患者恶语相向，我也能忍受。"

话虽如此，可护士可以脱下护士服，但是病人家属却不能摆脱自己需要看护病人的责任。与工作时戴的面具不同，如果对方是自己的家人，即使与对方的关系不好，也没有"下班时间"可以随心所欲地摘下面具。

因此，在和恋人或家人接触的时候就摘下面具，或者当作自己本来就没有面具，我们不要作为一个角色，而是要以真实的自己和他们交往。

有一次，父亲对我说："我想让你给我做心理咨询。"但家人之间有利害关系，理论上来说是很难进行心理咨询的。因为即使给家人提出了适当的建议，也会被怀疑说的是对自己有利的话，提出的劝告也不会被对方接受。

话虽如此，我想着这既然是父亲提出的要求，也没有什么可拒绝的，于是我开始时常和父亲见面交谈。进行咨询时，父亲和我都摘掉了面具，他和我说了很多心里话。多亏了这次咨询，我感觉自己和父亲之间的关系被拉近了。

夫妻之间也是一样，交流时应该摘掉各自的面具，在漫长的相处中就会发现熟悉的彼此还有另一面。这样一来，你们的日常生活就会像刚认识时一样充满惊喜。

尊重真实的你

　　无论恋爱还是结婚，只有良好的关系才能让人感到幸福。为了建立良好的关系，具体应该怎样做才好呢？让我们来看看，建立良好关系的条件有哪些。

　　首先是尊重。"尊敬"在英语中是 respect，其源于拉丁语的 respicio，意思是"看"或"反思"。

　　弗洛姆说，尊重是看到一个人真实的样子，并且能明白那个人是独一无二的存在的一种能力。

　　如果要在某些前提条件下才重视对方，这并不是尊重。爱一个人不需要理由。有人会说，喜欢一个人，一定是有喜欢的理由的。但就像前面说的，当初喜欢上对方的理由，也可能成为和对方分手的理由。

　　把对方的外貌作为喜欢对方的理由的人，必须做好对方的容貌会随着年龄的增长而衰老的心理准备。

只凭外在条件来选择对方的人，可能会喜欢上拥有高学历、高收入的人。然而尊敬伴侣的人，会把对方作为独一无二的人来爱，并非爱那些外在条件。

弗洛姆还说，尊重是"希望我所爱的人，不是为了我而是为了他自己，希望他能按照他自己的方式成长"。

只关心自己的人，会希望自己爱的人按照自己的想法去改变，这是将对方视为了"让自己随心所欲地生活的一个工具"。即使是再相爱的人，也不是为了满足对方的期待而活着。

无论发生什么问题，无论哪一方突发疾病，无论现实与理想是否有出入，每天都把对方当成最重要的人来对待，这就是"尊重"。如果真的爱一个人，就必须下定这个决心。

无条件地相信对方

建立良好关系的第二个条件是"信任"。如果一个人发现了对方的可疑行为，就一定会想要追究到底。但是如果你因此总和对方说"你在撒谎吧"，结果导致对方离开，那对于想建立良好关系的你们来说就得不偿失了。

我经常对学生说，有些话绝对不能直接和对方说。比如，"你不相信我吗"这句话。

当问出这句话的时候，这个人就会比那个怀疑自己的人更加硬气，就算事实真的如对方所说，也仍然是一副趾高气扬的样子。

在建立良好关系的过程中，要无条件地相信对方，不能等找到清晰的证据时才去相信对方。

不好好学习又考不出好成绩的孩子，即使说自己"下次要努力"，他的父母也无法相信。每当减肥失败的朋友对我说"明天开始减肥"的时候，我就想讽刺他"这种话我已经听了几百遍了"。但是事实上，越是这种时候，就越应该对他说"加油"。

如果有一个人无论什么时候都毫无保留地相信你，你就不可能背叛他。因此，如果希望保持良好的关系，就应当在任何情况下都相信对方。

相信有解决问题的能力

前面说的无条件信任对方，到底是指相信对方的什么呢？

首先，就是相信对方有解决问题的能力，不要觉得他不可能解决这些问题。

无论是交往还是结婚，有些问题只有伴侣自己才能解决。例如，当伴侣说"想辞职"的时候，我们会感到一丝恐慌，至于是继续工作还是辞职，基本上是由对方自己来决定的，所以不能轻易反驳对方说"不能辞职"。当然，辞职或者跳槽确实会改变两个人的生活风格，肯定需要两个人进行协商，但必须知道的是，最终决定权还是在对方。在这件事上替对方做决定的根本原因就是不相信对方。

相信对方有解决问题的能力，也就意味着当对方陷入困境时你不会过度担心。实际上，很多事情我们也都是无能为力的。

例如，当对方生病的时候，我们痛苦地看着他与病魔抗争。即便如此心痛，我们也无法代替对方经历这些人生灰暗时刻，无法代替对方经受痛苦。但是，我们要相信对方有勇气面对自己的课题，相信对方即使疾病无法痊愈，也能坦然接受自己的命运。

看到对方的好意

无条件信任对方一方面是相信对方解决问题的能力，另一方面是相信对方言行中的好意。有些话，即使乍一听好像是恶意的，如果你还想改善关系的话，就必须努力从对方的言行中发现他的好意。

在任何人际关系中，如果下意识觉得对方不怀好意、想陷害自己，即使你们表面上关系很好，也很难从对方的言行中解读出好的意图。这个人到底是敌是友，你总是想不明白。

相反，如果在你需要帮助时，有一个人帮助了你，而且你也真心想帮助对方做些什么，那么你就能从他的言行中发现善意。阿德勒把有这种想法的人称为"伙伴"，意思是"与自己建立联系的人"，而"敌人"是与此相反的"对立的人"。

也许你会觉得在对方的话中感受到好意是很难的事，但只要你相信对方的言行中有好的意图，就可以为了验证这个想法，在对方的话中找到很多好意。只要能看到对方的好意，和对方的关系就会变好。

相爱的人一定会把对方当成"伙伴"，但随着交往时间越来越长，而后又结婚一起度过了很多年，就可能会变得无法完全接受对方的言行。不仅如此，有时甚至还会把对方当成"敌人"。

但是，正因为把对方当作"伙伴"，才会关心对方，进而想要帮助对方，所以必须想办法把对方当作"伙伴"，而不是"敌人"。

即使觉得彼此关系不好，只要你有意识地努力去发现，就能找到对方的好意，那么两人的关系也会更进一步。

因合作而幸福

两个人如果想搞好关系，就必须尊重对方、信任对方，第三个条件就是合作。

阿德勒是这样定义爱情和婚姻的："爱情和婚姻的本质是人类合作。这种合作不仅是为了两个人的幸福而合作，也是为了人类幸福而合作。"

这里可以注意到阿德勒使用了"合作"这个词，只有两个人一起有意识地主动训练，才能实现完美的合作。

虽然说是合作，也要知道有能做的事和不能做的事。以亲子关系为例，在孩子还小、什么都不懂的时候，父母都会拼命照看孩子。到后来孩子长大了，很多事情都不需要父母帮助就能独立完成，但父母还是会插手孩子自己能做的事。

在恋爱关系中，也会发生类似的情况。人不可能什么事情都只靠自己的力量完成，所以别人会帮助自己，自己也会帮助别人。但如果在别人力所能及的事情上，你还想伸手帮忙，那就不叫帮忙，而是干涉了。这样做并不是为了对方好，不如说是因为你想让对方按照你的想法去做，想让自己处于比对方更有利的地位。喜欢干涉对方的人，就是不相信对方有独立解决问题的能力。

有的男人在结婚时，会对女方说"我会保护你""我会让你幸福"，但正确的做法应该是两个人共同为幸福努力。一对平等的夫妻，永远不会出现单方面给予或单方面接受的情况。

何时应该合作

阿德勒曾介绍过，在德国的某个地方，有这样一种现象：为了了解订婚的两个人是否做好了结婚的准备，在结婚典礼开始之前，两个人会被带到一块空地，地上有一棵已经被砍倒的大树。他们会得到一个带有把手的双人锯子。然后他们各自握着一端，在亲戚们的注视下把这棵树锯成两段。

通过看他们如何拉锯，你就会知道他们合作的默契度。

如果两个人之间没有信任，就会互相反抗、互相拉扯，树就不会被锯成两段。另一种情况，如果两个人中有一个人主导，所有事情都想自己做完的话，锯开就会多花很多时间。为了避免这些情况，两个人都要掌握主动权，并且根据对方的动作来调整力度。两个人是否适合结婚，那就要看这次"锯树行动"了。

人际关系上的纠纷是由擅自插手他人的任务或是被他人插手而引起的。虽说如此，我们也不是什么事情都能只靠自己的力量完成。力所能及的事情要自己做，自己做不到的事情就寻求他人的帮助。

保持沉默是无法向他人求助的，所以必须把需求讲出来。想要帮助别人的时候也要直接说："我能为你做什么吗？"如果双方都不好好地讲出来，也可能会导致关系恶化。

在恋爱和婚姻生活中遇到的问题都很难，特别是结婚后，不仅要处理好和对方的关系，还要处理好和对方的父母、亲戚之间的关系。孩子出生后，你又会惊讶地发现，养育孩子是更辛苦的一件事。

即使前方困难重重，如果两个人能够为了解决问题而合作的话，关系也会向好的方向发展。

两个人的共同目标

两个人要想建立起良好的关系，必须要有共同目标。即使是经常合作解决问题的两个人，如果对今后的生活目标不一致，也无法建立良好的关系，更无法解决两个人面临的问题。

这个目标并不一定是关于未来的，你可以把"活在当下"当作目标，也可以把"不设定目标"当作目标。

年轻人会面临很多人生的十字路口，自己要在每个十字路口做决定。例如，你必须决定毕业后在哪里工作、选择哪个城市定居。

有时在爱情中，我想和这个人一起走下去，但又必须为此放弃梦想。我应该放弃我的梦想吗？是不是无论多爱对方，都决不能让步呢？另外，除了现在的对象，是不是也有其他适合做我人生伴侣的人呢？我们心里总会有很多疑问。

面对人生的重大抉择，我们都不知道今后会如何发展，这种不安的感觉会给两个人的关系蒙上阴影。但是如果两个人的目标一致，就能共同思考该如何朝着这个目标前进。

有的人认为年收入高且重视家庭的人更适合结婚，但这根本是互相矛盾的两个特点。因为年收入高的人可能注定难以早早回家，而重视家庭生活的人也可能很难在公司获得晋升。总而言之，要结婚的两个人应该共同确定今后的人生目标。

目标确定下来了，并不是一定要达成，有时也会发现确实无法达成。因此，随着两个人所处状况的变化，应该在必要时对目标进行调整。

性与交流

最后，作为爱的方法，我想讨论一下性爱的问题。

阿德勒在提出"爱与婚姻的本质是人类合作"之前，他是这样说的："爱情和婚姻中的成就，是对异性伴侣最亲密的献身，表现在心心相印、身体吸引和生儿育女的共同愿望。"

阿德勒说，为了在爱情和婚姻中达成合作，和谐的性生活是很重要的一点。

正如我在第一章中提到的那样，恋爱关系和同事关系、朋友关系是一样的。如果有的人经营不好朋友关系，那么其他的人际关系一定也有需要改善的地方。职场上受人尊敬的上司，在家里却被他的孩子们疏远，这种情况发生的概率极小。其他人际关系都不顺利的人，怎么可能在恋爱关系中顺利呢？

亲密关系虽然和其他关系一样都是人际关系，但不同之处在于距离、持续性以及性吸引力。

阿德勒之所以用性吸引力区分亲密关系与其他人际关系，是因为他重视生育，认为生育是"延续人类生命的唯一方法"。如今，男女之间的性行为并不只是为了生育。那么性是为了什么呢？直白地说，就是为了交流。而且，在这种亲密的交流中，两个人的关系是好是坏，比在其他任何时候都看得清。

孤独的人通过性爱也无法摆脱孤独。如果两个人的关系本来就不好，就算有性爱交流也不会改善两个人的关系。两个人不可能只通过性爱来改善关系，这甚至会让两人的问题变得更加明显。

两个人如果平时无法建立良好的关系，那在性方面也就无法得到满足。性不是狭义上的性行为，举个例子说，性从夫妻其中一方下班回家的时候说"我回来了"，另一方说"欢迎回来"的时候就已经开始了。这种亲密的交流说明了，并不是真正的性爱才有意义，充满爱的交流本身就是性爱。

从这个角度来看，为了摆脱孤独而寻求性爱的人，并没有把亲密的交流当作一种性爱。这样的人根本不会考虑交流中最重要的合作、尊重和信赖，只是利用对方满足自己的欲望。这样的关系绝对不会长久。

太宰治有一篇短篇小说叫《满愿》。

小说中的主人公每天都会去附近的医院散步，顺便看报纸。这样一来，不知不觉就记住了那些经常来医院的病人的脸，其中有一个每天早上来给生病的丈夫取药的年轻女人。她给人一种很清爽的感觉，经常和医生在诊室里有说有笑，她要回家的时候，医生特意把她送到门口并对她说："辛苦你了，你可得再忍耐一阵子啊。"她的丈夫三年前得了结核病，在她的悉心照料下病情有所好转，医生却斥责她，说现在是治疗的重要节点，夫妻间的那些事务必禁止。

春天过去，夏天到来了。有一天，主人公看见眼前的小路上，一个穿着简单的身影飞快地走了过去，白色遮阳伞一圈又一圈地旋转着。

是那个女人。正当主人公正纳闷她为什么如此高兴的时候，医生的夫人小声对他说道："今天早上终于'解禁'了呀。"

这就是《满愿》。读了太宰治的这个短篇，我想，那个女人的丈夫也和她一样，期待着这一天的到来，这样温馨的关系真好啊。对于想建立良好关系的两个人来说，性并不是不可或缺的。性爱固然是沟通的一种方式，但是两个人不依赖它也能建立良好的关系。

当你感觉不到性的魅力时

曾有个大学生说："学了阿德勒心理学，我觉得和谁都能结婚。"如果下定决心要和某个人在一起，并努力学习经营感情的方法，的确可以建立良好的关系，进而让人想要结婚。但大多数人还是觉得，并不是和任何人都能结婚的。

那么，爱情和其他的人际关系有什么不同呢？那就是能否从身体上吸引对方。阿德勒认为，只有互相关心的人，才可能在身体上被对方吸引。反过来说，如果无法在性方面互相吸引，那就是双方已经对彼此不感兴趣了。

阿德勒谈道："有时对对方的关心仍然存在，身体上却失去了吸引力。这并不是真的。有时说出口的话可能是谎话，有时人会看不清自己的内心，但身体的本能反应总是不会说谎。如果这方面有缺陷，那么说明这两个人之间就没有真正的共识，也就失去了对彼此的关心。"

这一段写了一些关于性无能和性冷淡的事。阿德勒认为，情绪会以颤抖、脸红、脸色发青、心跳加速等形式表现在身体上，因此心与身体是一体的。心脏、胃、排泄器官、生殖器官等，每个身体部位都有自己最擅长的"语言"，当人想往某个地方前进或后退的时候，这些器官会为他的前进或后退提供支持。

阿德勒用"器官语言"来描述这一点。

性功能障碍是生殖器官使用的语言。出现这些症状的人是因为这些功能障碍而拒绝性行为。他们觉得不能毫无理由地拒绝别人，也许只要和对方说自己有障碍，对方就会放弃。但是对方知道了这些障碍后，是会相信和接受还是觉得受伤，就不得而知了。

有些人是因为感觉不到对方的性魅力，所以渐渐地就不喜欢对方了。为了把"不喜欢对方"这件事变得正当化，会把缺乏性吸引力作为理由。这种情况确实是存在的。

如果两个人之间产生了性方面的矛盾，那是因为两个人的关系不再是友好合作的平等关系，也就是说对对方不再关心了。如果两个人是平等的关系，就可以避免这些问题。正如前文所说，性爱是一种交流，两个人如果在日常生活中不能很好地进行交流，那么性爱也是不可能顺利进行的。

这么说可能有些极端，但如果把性理解为交流的话，口头语言的交流才是最重要的，身体上的接触只是让两人变得亲密的辅助手段。

人如果生病或上了年纪，就不能进行性行为了。如果在这种情况下，也没有失去安慰对方的心，仍然觉得彼此很亲近的话，那就说明两个人并不是仅仅因为身体吸引而在一起的。

分开的时候

当我写下这些关于恋爱的文字时，也犹豫过要不要讨论分手的情况。一生只谈一次恋爱的人很少，所以，大多数人应该考虑一下分手后的日子应该如何度过。

如果不好好考虑，很可能会再次遭遇同样的失败。分手本身就是一个巨大的打击，如果分手方式不对，可能会让你不想再开启下一段恋情。

有个英语单词叫"taper"，指的是细而长的蜡烛，作为动词有"逐渐变细""逐渐减少"等意思。

就比如有些特殊的疾病即使痊愈了也不能突然停药，因为一旦停药就会出现强烈的副作用。在这种情况下，必须继续服用药物，可能要减少每次服用的剂量，或者减少服药的次数，最后才慢慢可以断药。失恋或者分手也是一样，如果不能很好地"taper"，就很难重新振作起来。

有的情侣或夫妻中的一方，觉得再也无法和这个人一起生活了，就抱着分手的想法来找我做心理咨询。对有的人来说，虽然已经有了分手的念头，但还是想要尽力地改善关系。阿德勒说，接受过个体心理学训练的心理咨询师不会直接下结论说"你应该分手"。

如果没有必须当下马上分手的决心，创造一段彼此互不见面的时间也未尝不可。即使吵了架，当时决定要分手，但冷静下来可能发个短信、打个电话又会想见面了，只是无法避免重蹈覆辙。这时两个人共同决定冷静一段时间，不见面就有可能平静下来。所以短暂的不见面、不联系其实也是一种好办法。

两个月完全不联系。过了两个月之后，如果你还是想跟他见面，想和他说话，那么你就可以努力修复关系。

面对为了孩子的教育问题来咨询的父母，咨询师有时会说："你不是'坏父母'，而是'笨父母'。"他们只是不知道如何建立正确的亲子关系，所以需要学习相关的解决方法。

情侣关系也是如此。两个人都去学习并实践本书中介绍的建立良好关系的方法，关系一定会变好。即使最终两人还是觉得无法继续下去选择分手，之前一切为了重建关系做出的努力也仍然是有价值的。

关于如何重建关系，我已经讲过了，接下来我将讲讲正确分手的方法。

重要的是，分手时不要感情用事。至于为什么不能和这个人一起生活，有时无法明确地说明理由。喜欢一个人是没有理由的，同样，讨厌一个人有时也是没有理由的。并不是对方变了，而是对方身上曾经吸引你的那些特点，不知道从什么时候开始，却变成了让你难以忍受的缺点。

为什么会这样呢？因为你已经下定决心要和这个人分手。刚才说过，分手时不要感情用事很重要，感情用事实际上是加强了你这种想分手的决心。为了支持这个决心而讨厌对方、怨恨对方，才会导致再次吵架。但其实并不需要这样，决定分手了，只要好好向对方平和地说出来就可以了。

这就像跟别人说自己生气了一样，生气时并不需要故意发出很大的声音把门关上，只要向对方说"你刚才的说法让我很生气"就可以了。

经过一段时间后，悲伤的伤口就会结痂，如果硬要把它撕下来就会重复流血，伤口会难以愈合。我们没有必要这么做。

离婚也需要慎重考虑。

有一次，我看到一对正在聊天的男女。我去问和他们熟悉的朋友，才知道他们最近刚离婚。作为曾经的夫妻，即使现在不能一起生活，也可以作为朋友相处下去。

这两个人应该并不是冲动之下决定离婚的，在决定分开之前，肯定有过很多次沟通吧。即便如此，在同一个屋檐下生活仍然很困难。他们的例子也说明了人们确实可以做到和平分手。

离婚时尤其需要考虑的是孩子的问题。离婚是夫妻之间的课题，当孩子不希望父母离婚时，父母虽然心疼孩子，却无须优先考虑孩子的想法。

话是这样说，但是父母离婚后，孩子可能住的地方变了，学校也变了，肯定会给孩子带来影响，所以事先和孩子商量离婚的事情也是有必要的。

离婚后，两个人即使不是夫妻，也仍然是孩子的父母，所以不要对孩子说另外一方的坏话。

离婚后和孩子一起生活的那一方必须要注意一

点。父母的想法不一定总是一致的，也没必要总是一致，重要的是如何共同合作调整想法。孩子通过观察父母磨合感情的过程，能从中学习如何通过沟通解决问题。但在离婚后，孩子就看不到这样的过程了。所以在下定决心离婚后，就需要努力多和孩子沟通。

为什么爱一个人

到这里为止，我们在本书中具体思考了爱情应该从哪里开始、应该怎么做、想法不一致的时候应该怎么协调等问题。

也许有人会想，只要掌握这些恋爱技巧就好了。但如果不好好思考爱一个人是怎么回事，恋爱技巧就会变质，变成操纵人心的危险招数。

我在第三章一开始说过，恋爱没有"为什么"。但是后来我开始认为，如果爱一个人有理由的话，那是因为人总有一天会死去。

"如果死亡是绝对的孤独，那么从出生开始的孤独就是死亡的预兆。"这是森有正说过的话。

人终有一死，这一生只能独自一人来了又走。死亡是绝对的孤独。森有正告诉我们，这种孤独源于生命之初。

换一个角度来看，如果活着的时候不觉得孤独，那么死亡也可能不是绝对的孤独。所以我们爱一个人，是内心想要克服孤独和死亡。

但是，这种孤独不是相对的，而是绝对的。所以即使你和某个人在一起，或者表面上看起来和那个人建立了很好的关系，也无法摆脱这种绝对的孤独。

即使和爱人吵架或分手，经历各种不顺利的事，只要坚信人与人本来就是联系在一起的，就能消减死亡这种绝对的孤独。

我们通过爱的经历学到了什么呢？那就是人无法完全独自生存，必须在与他人的联系中生存。当你明白这一点的时候，相爱的两个人从此就成了"我们"，而不是独自一个的"我"。

只要开始了"我们"的人生，即使对方不在身边，也能感受到和对方的联系，我们不会再感到孤独，哪怕死亡会让我们分开。

因此，如果你现在心里已经有了爱的人，就不要为将来而感到不安。每天都努力去经营这段关系吧，拥有一段真挚的感情是真正的快乐。

我的女儿已经有了自己的孩子，她有一天对我说了这样的话："结婚真是太幸福了！"

一般来说，在"结婚真是……"这句话后半句总会接"没有好处"这样的否定性话语。但女儿说"太幸福了"，我听着这话就知道她是真的为此感到开心。

无论是已经结婚的人，还是即将结婚的人，对待结婚，都很难说出这句话吧。

对于有些年纪轻轻就结婚的人，周围的人可能会说："你以后还可能遇到更好的人呢，这么早就结婚合适吗？"

很多情况下，我觉得这些人是对已婚人士的惊讶或嫉妒，但也有可能是羡慕。

恋爱结婚，与工作和交友不同，坠入爱河的两个人关系更亲密，而且一旦关系破裂就很难修复，有时会因为一点小事吵架，甚至连共处一室都觉得痛苦。

这种时候，对方就变成了"和自己对立的人"，也就是"敌人"。一旦开始把对方当成"敌人"，两个人的关系就会越来越糟。

面对恋爱或结婚等爱的课题时，那些表现得犹豫不决的人，用阿德勒的话来说，就是"想原地踏步"。当然，这也不足为奇，但人是不会一直原地踏步的。

即使把对方当作"联系在一起的人"，即"伙伴"，这样也不足以说明自己已经和对方真的联系在一起了。两个人有了邂逅，并不意味着一切都会顺利，仅仅确认互相喜欢还不够，在一起之后的每一天都需要努力经营关系才行。这种努力，正如本文所述，是为了改善两个人的关系，是为了幸福而做出的努力。

本书详细讨论了如何才能改善关系，但始终没有涉及具体的操作技巧。其理由之一，正如第四章最后所述，刻意的技巧有可能成为操纵人心的危险招数。本书不谈"被爱的技巧"，而谈"爱的技巧"也是这个原因。想要被爱的人，会通过改变自己去迎合别人，来让对方爱自己。他们不仅改变自己，还想改变对方。事实上我们无法改变对方，你能改变的只有你自己。

另一个原因是，即使我们像解数学题一样记住了"该怎么做"，但是每个人都是不同的，同样的做法产生的结果也不可能完全相同。一旦发生标准答案以外的情况，我们就会立刻手足无措。

为了避免这种情况，我们必须学习类似于数学中的原则性、原理性的知识。这就是我必须要写下这本书的原因。

如果你不擅长理解理论性的内容，可以从本书第四章开始读，但也请一定读一读第三章"爱一个人的本质是什么"。

本书讲述的是"幸福的爱情故事"，希望读到这里，你们能拥有"结婚真是太幸福了"这样的感觉。

负责编辑工作的大沼先生读了我的原稿后，多次来到我的书房，每次都和我进行长时间的讨论。虽然要躲开大沼先生的追根究底不是一件容易的事，但多亏了他，这本书才成为一本好书。谢谢大家。

2017 年 12 月

岸见一郎